Septuaginta XVI/1 Ezechiel

ed. Joseph Ziegler

Nachtrag zur 1. Auflage von 1952

von Detlef Fraenkel

A Einleitung

I 988 (= Ant)

1954 veröffentlichte J. Ziegler die Kollation der Ez.-Fragmente der Antinoopolis Papyri mit dem Text seiner Ez.-Ausgabe[1]):

,,Während der Drucklegung des Ezechiel machte P. Katz auf die Ausgabe der Antinoopolis Papyri aufmerksam, in der Fragmente aus Ez. veröffentlicht seien. Im Sommer 1952 konnte ich das von der Univ.-Bibliothek Würzburg erworbene Exemplar einsehen; so ist es erst hier möglich, nähere Angaben zu machen und die Kollation nachzutragen.

Ausgabe: The Antinoopolis Papyri. Part I. Edited with translations and notes by C. H. Roberts, London Egypt Exploration Society 1950, S. 19—23 Nr. 10.

Texte: Zwei Pergamentblätter mit folgenden vier lückenhaften Fragmenten (IV. Jahrh.):

33_{27} *[απο]κ[τενω]* — 33_{31} *κα̣ι̣ α[κουουσιν]*

34_{1} *[και εγε]νετ̣ο̣* — 34_{5} *ε[ιναι ποιμενας]*

34_{18} *[υ]μω[ν εταρασσε]τ̣ε̣* — 34_{24} *και ο δουλ̣[ος μου δαουειδ]*

34_{26} *κα[ι δωσω 1⁰]* — 34_{30} *κ[αι αυτοι]*."

Da Ziegler bei der Kollation von Ant der Text von Pap. 967 für Ez. 33_{27}—34_{5} noch nicht zur Verfügung gestanden hatte, schien eine erneute Durchsicht der entsprechenden Fragmente, wenn sie auch nur anhand der Ausgabe erfolgen konnte, geboten. Dabei ergaben sich lediglich in 34_{2} Änderungen gegenüber Zieglers Kollation, da der erhaltene Wortbestand nunmehr die Vermutung außerordentlich nahelegt, daß Ant auch in diesem Vers dem Text von Pap. 967, der seinerseits einen von der übrigen Septuaginta-Überlieferung abweichenden Wortlaut bietet, folgt. Abgesehen davon wurde Zieglers Kollation im wesentlichen unverändert in diesen Nachtrag eingearbeitet. Geändert hat sich ferner die Notierungs-

[1]) In: Susanna, Daniel, Bel et Draco, ed. J. Ziegler, Septuaginta Gottingensis XVI, 2, Göttingen 1954, S. 77—78.

weise, indem Ant nunmehr unter der Rahlfs-Nummer 988 zitiert wird. Die Notierung in der Reihenfolge der Zeugen lautet jetzt B 967 988.

Den Textcharakter von 988 hatte Ziegler folgendermaßen bestimmt (S. 78):

„Beurteilung der Varianten: Auf den ersten Blick ist die enge Beziehung von Ant und 967 erkennbar. Beide Zeugen nähern sich dem hebr. Text, Ant noch mehr als 967. Hier geht Ant manchmal mit *L* zusammen, so 34_{24}. Besonders kennzeichnend ist 34_{20}; Ant fügt als einziger Zeuge *προς υμας* vor *Ἰδοὺ ἐγώ* ein = עליכם, statt עליהם 𝔐 = *προς αυτους O*; dagegen stellt *L* gegen die hebr. Vorlage *προς υμας* hinter *Ἰδοὺ ἐγώ*. Auch grammatisch-stilistische Varianten teilt Ant mit *L*, so 33_{31} (*ενωπιον* statt *ἐναντίον* [ebenso 967, D.F.]) und 34_{19} (*ενεμετο* statt *ἐνέμοντο*, ebenso 967). Die von Ant vertretenen Sonderlesarten sind, abgesehen von 34_{3} (*κατεφαγετε* statt *σφάζετε* [ebenso 967, D.F.]), unbedeutend. Mit dem alexandrinischen Text (A'' ...), der hexaplarischen Rezension (*O*), der Catenen-Gruppe (*C*) zeigt Ant keine direkte Berührung."

II 967

1. Für die Ez.-Ausgabe, die im Jahre 1952 erschien, standen J. Ziegler lediglich die den Chester Beatty Papyri, die nunmehr in Dublin aufbewahrt werden, sowie den John H. Scheide Papyri, die in der Princeton University gelagert sind, zugehörigen Teile des Pap. 967 zur Verfügung. Da seither auch die in Köln und Madrid aufbewahrten Blätter des Codex veröffentlicht worden sind, liegt nunmehr der Ez.-Text des neben B wichtigsten Zeugen für den alten Text von 11_{25} — fin. libri, mit Ausnahme kleinerer Lücken in den Kap. 12—17, vollständig vor.

a) Die Kölner Teile des Pap. 967 wurden für diesen Nachtrag vollständig neu kollationiert[1]). Inhalt: 12_{3} *παρα]πικραι[νων* — 4 *ημ̣ε̣[ρας* 12_{6} *ει̣δης* — 7 *εσπε[ρας* 12_{15} *ε]γ̣ω̣* — 16 *υ[πολειψομαι* 12_{18} *υ]δ̣ωρ* — 19 *ενδ]ε[ιας* 13_{7} *ε̣ιρηκατ̣[ε* — 9 *προφ]ητα[ς* 13_{18} *λ̣εγ[ει* — *διεσ[τραφησαν* 14_{3} *εθηκ]α̣ν̣* — 4 *πρ]οφ[ητην* 14_{10} *κ]α̣τ̣α̣* 2^{0} — 13 *μ[οι* 14_{21} *ταδ]ε̣* — 22 *π]ρ̣ο̣ς̣* 15_{7} *πρ[οσωπον* 2^{0} — 16_{3} *αμ]ορρα[ιος* 16_{11} *κα]θεμα* — 14 *ε̣ν̣* 2^{0} 16_{23} init. — 26 *ομ̣[ορουντας* 16_{35} *δι]α* —

[1]) Für die hierbei gewährte freundliche Unterstützung danken wir den Mitarbeitern des Kölner Instituts für Altertumskunde, insbesondere Prof. Dr. D. Hagedorn.

Ezechiel edidit Joseph Ziegler
Erklärung der Zeichen und Abkürzungen

Griechische Handschriften

Der B-Text

B codex Vaticanus, Rom, IV. Jahrh.
967 Dublin, Köln, Madrid, Princeton, III. Jahrh. Chester Beatty Papyrus. Enthält 11_{25}—fin. libri mit nur geringen Lücken. Die Kölner und Madrider Teile sind im Nachtrag zu Ez. kollationiert.
988 (= Ant), Oxford, IV. Jahrh. Enthält 33_{27-31} $34_{1-5\ 18-24\ 26-30}$ lückenhaft. Im Nachtrag zu Ez. kollationiert.

Der alexandrinische Text (Der A-Text): A'' (= A + 26 + 544); 106-410

A codex Alexandrinus, London, V. Jahrh. A′ = A-26; A' = A-544
26 Rom, X. Jahrh. 26′ = 26-106
106 Ferrara, XIV. Jahrh. 106′ = 106-410
410 Jerusalem, XIII. Jahrh.
544 Paris, XI. Jahrh. Es fehlt 1_{1-2}
Wenn die von A abhängigen Minuskeln nicht mit A gehen, sind sie an den Schluß der Hss. gestellt.

Die hexaplarische (Origenes-)Rezension: *O′* = *O* + *o*; 922
Hauptgruppe *O* = Q-88-Syh

Q codex Marchalianus, Rom, VI. Jahrh. Q^{c} u. Q^{mg} überliefern lukianische Lesarten.
88 Rom, X. Jahrh.
Syh codex Syrohexaplaris, VIII. Jahrh. Ausgabe: A. M. Ceriani. Syh^{mg} überliefert lukianische Lesarten.

Untergruppe *o* = 62-147-407
62 Oxford, XI. Jahrh. 62′ = 62-147; 62' = 62-407
147 Oxford, XII. Jahrh. 147′ = 147-407
407 Jerusalem, IX. Jahrh.

922 Oxford, III.—IV. Jahrh. Papyrus. Enthält 5_{12-14} und 5_{15}—6_{3} lückenhaft.

Die Lukian-Rezension: *L''* = *L* + *lI* + *lII*; Z^{V}; 456
Hauptgruppe *L* = 22-36-48-51-96-231-763; *L′* = *L* + *lI*; *L'* = *L* + *lII*
22 London, XI.—XII. Jahrh.
36 Rom, XI. Jahrh.
48 Rom, X.—XI. Jahrh.
51 Florenz, XI. Jahrh.
96 Kopenhagen, XI. Jahrh.
231 Rom, X.—XI. Jahrh. Es fehlt 1_{1-5}
763 Athos, XI. Jahrh. Es fehlt 47_{3}-fin. libri.

Untergruppe *lI* = 311-538; *lI* + *lII* = *lI'*
311 Moskau, XII. Jahrh.
538 Paris, XII. Jahrh.

Untergruppe *lII* = V-46-449
V codex Venetus, Venedig, VIII. Jahrh.
46 Paris, XIII.—XIV. Jahrh.
449 Mailand, X.—XI. Jahrh.

Z^V	(= $Z^V + Z^{VI}$), codex Zuqninensis rescriptus, Rom, VII.—VIII. Jahrh. und VI. Jahrh. Von beiden sind nur Fragmente erhalten.
456	Messina, XI. Jahrh. Nur ein Fragment 32_{30}—33_{11} ist kollationiert.

Die Catenen-Gruppe: $C'' = C + cI + cII$

Hauptgruppe C = 87-91-490; $C' = C + cI$; $C^{\flat} = C + cII$

87	Rom, X. Jahrh.
91	Rom, XI. Jahrh.
490	München, XI. Jahrh.

Untergruppe cI = 49-90-764; $cI + cII = cI'$

49	Florenz, XI. Jahrh.
90	Florenz, XI. Jahrh.
764	Athos, XIII.—XIV. Jahrh.

Untergruppe cII = 130-233-534

130	Wien, XII.—XIII. Jahrh. 130′ = 130-534
233	Rom, X. Jahrh.
534	Paris, XI. Jahrh.

---

codices mixti

86	Rom, IX.—X. Jahrh. Es fehlen 14_1—16_{49} und 34_{15}—fin. libri. 86′ = 86-710
198	Paris, IX. Jahrh. Enthält 1_1—2_8 und 38_8—48_2 lückenhaft.
239	Bologna, geschrieben 1046. 239′ = 239-306
306	Paris, XI. Jahrh.
380	Escorial, XII. Jahrh. Enthält 46_{10}—fin. libri
393	Grottaferrata, VIII. Jahrh. Nur Fragmente erhalten.
403	Jerusalem, geschrieben 1542. 403′ = 403-613
611	Paris, XVI. Jahrh. Enthält nur das Fragment 34_{1-8}.
613	Patmos, XIII. Jahrh.
710	Sinai, X. Jahrh. Enthält 1_1—27_5.
770	Athos, XII. Jahrh. Im App. ist 770 nur dann notiert, wenn sie von Hs. 449 abweicht.
927	codex Melphictensis rescriptus, Molfetta, VI. (rescr. XI.—XII.) Jahrh. Nur Fragmente erhalten.

La^C = cod. Constantiensis
La^W = cod. Wirceburgensis
Bo = Bohairische Übers.
Co = Bo + Sa
Syh = Syrohexaplarische Übers. (s. oben unter Origenes-Rezension)
Aeth = Aethiopische Übers.
Arm = Armenische Übers.
La^S = fragmenta Sangallensia
La^{Ver} = cod. Veronensis
Sa = Sahidische Übers.
Arab = Arabische Übers.

α′ = Aquila	οι γ′ = οἱ τρεῖς	π′ = πάντες
σ′ = Symmachus	οι λ′ = οἱ λοιποί	ὁ ἑβρ′ = ὁ Ἑβραῖος
ϑ′ = Theodotion	οι ο′ = οἱ ἑβδομήκοντα	ὁ συρ′ = ὁ Σύρος

–	Die zu einer Gruppe gehörenden Hss. werden durch „-“ verbunden, z.B. A-26.
C^{-87}	Die von einer Gruppe abweichenden Hss. werden durch hochgestellte, mit Minuszeichen versehene Hss.-Sigel bei der betr. Gruppe bezeichnet, z.B. C^{-87}.
*	bezeichnet die ursprüngliche Lesart einer Hs.
1	bezeichnet Korrekturen der ersten Hand.
i	bezeichnet den Instaurator einer Hs.
c	bezeichnet spätere Korrekturen.

s	bezeichnet den Ergänzer (suppletor) einer Hs.
mg	bezeichnet Randlesarten.
txt	bezeichnet Textlesarten.
lcm	bezeichnet Lesarten in den der Erklärung voranstehenden Bibelstellen (Lemmata) eines Väterkommentars,
comm	bezeichnet Lesarten, die im Laufe der Erklärung (des Kommentars) ausdrücklich zitiert oder vorausgesetzt werden im Gegensatz zu den Lesarten der Lemmata.
p	besagt, daß nur ein Teil (pars) der Hss. die Lesart vertritt.
cit	bedeutet das Vorkommen der Variante nur in Zitaten.
lat	besagt, daß die Variante nur lateinisch überliefert ist.
test	besagt, daß Hieronymus die vorhexaplarische Lesart ausdrücklich bezeugt (testis).
|	bedeutet Zeilenumbruch in den Hss.
α̣	Ein Punkt unter einem Buchstaben besagt, daß dieser Buchstabe nicht sicher in der Hs. zu lesen ist.
+, add.	bedeutet Zusätze.
>, om.	bedeutet Auslassungen.
∩	bezeichnet Ausfälle durch Homoioteleuton.
( )	besagt, daß der eingeklammerte Buchstabe in verschiedenen Hss. fehlt, z.B. εστι(ν).
[ ]	bezeichnet gegen die Überlieferung getilgte Zeichen, Buchstaben und Worte.
⟨ ⟩	bezeichnet gegen die Überlieferung hinzugefügte Zeichen, Buchstaben und Worte.
※, ÷	bezeichnen Asteriskus und Obelus.
⋎ ⁏	bezeichnen den Metobelus.
↓	bezeichnet Hinweis auf den Hexapla-Apparat.
𝔐	bedeutet den masoretischen Text.

---

adapt.	= adaptatum
adn.	= adnotatio, adnotat
anon.	= anonymiter (sine nominibus α′ σ′ ϑ′)
app.	= apparatus
ast.	= asteriscus
cf.	= confer
cod(d).	= codex(-dices)
coni.	= coniecit
corr.	= correxit(-xerunt)
del.	= delevit
dess.	= desunt
ed.	= editio
fin.	= finis
fort.	= fortasse
gr.	= graecus
hab.	= habe(n)t
homoiot.	= homoioteleuton
homoioar.	= homoioarcton
inc.	= incertus
init.	= initium
leg.	= lege, legendum
lib.	= libere
mend.	= mendose
metob.	= metobelus
n.	= nota
ob.	= obelus
p.	= pagina
plur.	= pluraliter
pos.	= posuit (posuerunt)
pr.	= praemittit(-tunt)
praec.	= praecedens
praef.	= praefatio
ras.	= rasura
rel.	= reliqui (testes)
s.	= sive
sec.	= secundum
sim.	= similiter
sing.	= singulariter
scr.	= scripsit(-serunt)
sq.	= sequens
sup. ras.	= supra rasuram
superscr.	= superscripsit
tr.	= transposuit(-serunt)
trah.	= trahit (trahunt)
ult.	= ultimus
v.	= versus
var. lect.	= varia lectio
vers(s).	= versio(-ones)
vid.	= ut videtur

37 σε̣ 2^0 16_{45} συ — 46 α̣[υτης 2^0 16_{53} των 1^0 — 55 κ]α̣[ι ult. 17_1 λεγ]ων — 5 φυ[τον 17_{11} init. — 14 δι]α̣[θηκην 17_{21} καταλοι]π̣ο̣υ̣ς — 24 γ]νωσο̣ν̣[ται 17_{24} αν]αθαλλων — 19_{12} γην̣ 20_5 αυ̣τους — 8 ε]πιτηδευματα 20_{13} εκχεαι — 41 ε̣[νωδιας 20_{44} κ]αι 2^0 — 21_3 fin. 25_5 καμηλων — 26_{10} ιπ[πεων (1^0) 43_9 φονους — fin. libri. Ausgabe: P. Leopold Günther Jahn, Der Griechische Text des Buches Ezechiel nach dem Kölner Teil des Papyrus 967 (= Papyrologische Texte und Abhandlungen, herausgegeben von L. Koenen und R. Merkelbach, Bd. 15, Bonn 1972).

b) Inhalt der Madrider Blätter: 28_{19} init. — 29_{12} αυτης 2^0 32_{30} τρ̣αυμα]τιαι — 34_6 επι 2^0 37_4 π̣ρ̣ος — 28 fin. 40_1 init. — 43_9 τους. Ausgabe: Manuel Fernández-Galiano, Nuevas Páginas del Códice 967 del A. T. Griego (Ez 28,19—43,9) (P. Matr. bibl. 1) (= Studia Papyrologica, Revista Española de Papirologia, Tomo X, Fasc. 1.º, Barcelona 1971).

Eine Übersicht, wie sich der Ez.-Text von Pap. 967 jeweils auf die in Dublin, Köln, Madrid und Princeton aufbewahrten Blätter verteilt, bietet Jahn auf den Seiten 9—13. Aufgrund des Madrider Materials läßt sich nunmehr endgültig die Reihenfolge der Kapitel des Buches Ez. in Pap. 967 bestimmen[1]): 12—36, 38—39, 37, 40—48

2. Zur Notierungsweise:

a) Die vollständig erhaltenen Teile des Pap. 967.

Der beträchtliche Umfang des einzuarbeitenden Materials ließ es geboten erscheinen, unabhängig von der Acht auf die gebotene Kürze, bei der Notierung der Lesarten nach Möglichkeit der Anlage des App. der Ez.-Ausgabe zu folgen, um damit dem Leser eine rasche Orientierung zu ermöglichen. So wurden, wo immer dies ging, die im App. der Ausgabe notierten Lemmata wiederaufgenommen. Da der Text von Pap. 967, mit Ausnahme der wenigen fragmentarischen Stücke (s. u.), vollständig erhalten ist, so daß ein Rückschluß vom kritischen Text der Ausgabe auf den des Codex stets möglich ist, konnte auf zahlreiche Notierungen verzichtet werden, welche eine beträchtliche Ausweitung des Nachtrags bedeutet hätten. So wurde, im Gegensatz zur Praxis Zieglers, Pap. 967 als Hauptzeuge für den

[1]) Vgl. J. Ziegler, Die Bedeutung des Chester Beatty-Scheide Papyrus 967 für die Textüberlieferung der Ezechiel-Septuaginta; in: ZAW 61 (1945/48) S. 76—94, sowie in: Sylloge, Gesammelte Aufsätze zur Septuaginta, Göttingen 1971, S. 321.

alten Text nicht mehr Lesarten des alexandrinischen (des A-)Textes gegenübergestellt. Als Zeuge für den kritischen Text wurde Pap. 967 nur dann angeführt, wenn im App. der Ausgabe die Lemma-Bezeugung vollständig notiert ist, so daß dem entsprechenden Lemma eine „rel.“-Lesart gegenübersteht, und wenn B eine vom kritischen Text abweichende Lesart vertritt.

Die handschriftlichen Zeugen einer Lesart bzw. eines Lemmas sind im Nachtrag stets vollständig genannt, ebenso wie auch La und Co als wichtige Zeugen des alten Textes regelmäßig notiert sind. Auf die Notierung der übrigen Übersetzungen, der Väter sowie der Stellenhinweise des Herausgebers wurde in der Regel verzichtet. Auf der anderen Seite haben jedoch einige Lesarten von Übersetzungen und Vätern, die Ziegler seinerzeit als zu unsicher verworfen hatte, da sie gegen die gesamte handschriftliche Überlieferung standen, nunmehr Aufnahme in den Nachtrag gefunden, wenn Pap. 967 die entsprechende Lesung vertritt, z. B. 34_{3} *κατεσθίετε*] *εξεπιετε* 967 Co Aeth PsCypr. Ausnahmslos wurde in diesen Fällen auf Zieglers Kollationen zurückgegriffen.

Nicht notiert wurden in der Regel Varianten einzelner Zeugen innerhalb einer angeführten Lesart, mit Ausnahme solcher von B und Pap. 967. Bei längeren Lesarten, zumeist Zusätzen, welche Pap. 967 nicht bezeugt, werden nur das erste und das letzte Wort wiederholt, z. B. 37_{23} *αὐτῶν* 1^{0} B 967 La^{W} . . .] + (※ *O*) *και* — *αυτων* rel. = $\mathfrak{M}\downarrow$.

Darüber hinaus bedeuten:

. . .] und . . .; sowie . . .	Zu dem Lemma bzw. zu der Lesart sind im App. der Ausgabe noch ein Zeuge oder mehrere (Übersetzungen und/oder Väter) angegeben.
]. . .; und ;. . .; sowie ;	Im App. der Ausgabe sind unter diesem Lemma noch eine Lesart oder mehrere notiert.
[. . .]	in der Hs. sind drei Buchstaben nicht lesbar, z. B. *ενω*[. . .]*ν*.
. . .]*ν*; *ν*[. . .	in der Hs. ist nur *ν* lesbar.
[*με*]*τα*	*με* ist die vermutete Lesung.
‖	Blatt- oder Kolumnenwechsel in der Hs.

absc. = abscissus

b) Die fragmentarischen Teile des Pap. 967.

Bei den folgenden, nur fragmentarisch erhaltenen, Stücken ist ein Rückschluß auf den kritischen Text nicht erlaubt: 12_{6-7} $_{18-19}$ 13_{8-9} $_{18}$ 14_{3-4} $_{10-13}$ $_{21-22}$ 15_{7}—16_{3} $_{11-14}$ 17_{14} $_{23}$ *σκιαν*— *αναθαλλων* 18_{12} $_{21}$ init. — *εντολας*. Diese Teile wurden in der für Fragmente üblichen Art notiert, d.h. über die Notierung der Varianten hinaus wird Pap. 967, soweit er erhalten ist, stets als Zeuge für den kritischen Text genannt gegenüber einer im App. der Ausgabe verzeichneten Lesart.

3. Einen Sonderfall bilden die Fragmente 12_{3-4} und 12_{15-16}: auf Rück- und Vorderseite werden hier drei bzw. vier Zeilen ergänzt aus dem von Kenyon veröffentlichten Material. Damit liegen 12_{3} *ε̣ι[δ]ωσιν* — $_{4}$ *ημ̣ε̣[ρας* und 12_{15} *ε]γ̣ω̣* — $_{16}$ *αν[δρας* bis auf wenige nicht erhaltene Buchstaben vollständig vor. Es ergaben sich keine weiteren Lesarten über die bereits im App. der Ausgabe verzeichneten hinaus.

4. In dem Text von 20_{5-7} und von 20_{13-15} fehlt jeweils ein schmaler, ca. drei bis vier Buchstaben breiter, Streifen, der über 13 bzw. 14 Zeilen reicht: „Hier hinein paßt genau der schmale Streifen, der bei dem entsprecheden Stück des Scheide-Papyrus nach unten herausragt" (Jahn, S. 8). Die Lesarten, welche Ziegler anhand der ihm vorliegenden wenigen Buchstaben notierte, erweisen sich mit einer Ausnahme als richtig, so daß auf ihre neuerliche Anführung in diesem Nachtrag verzichtet werden konnte. In 20_{6} hatte Ziegler das ihm vorliegende *-αν* als Variante zu *εἰς τὴν γῆν*] *εις την χωραν* 967(vid.) aufgelöst. Zu lesen ist numnehr *εις γην χα[ν]ααν* 967. Diese Lesart wurde in den Nachtrag aufgenommen.

III Orthographika

Das Material ist in derselben Weise angeordnet wie in der Ez.-Ausgabe. Die Hinweise auf § beziehen sich auf Thackeray (A Grammar of the Old Testament in Greek, Vol. I, Cambridge 1909), während die Seitenverweise auf die Ez.-Ausgabe Bezug nehmen.

a) Vokale

αι—ε:	§ 6_{11}.	40_{24} *αιλευ*] *ελευ* 967; ebenso in 40_{26} $_{29}$ $_{33}$ $_{34}$.
η—ε:	§ 6_{14}.	45_{2} *διάστημα*]-*στεμα* 967.
ει—ε:	§ 6_{18}.	26_{4} *λειοπετρίαν*] *λεοπετρ*. 967 (vgl. S. 67).
η—ει:	§ 6_{20}.	46_{12} *ποιήσῃ*] -*σει* 967 (vgl. S. 67).

ε—ι: § 6_{22}. 44_{17} *ἐρεᾶ*] *ερια* 967.
ι—ει: § 6_{24}. (Sehr häufig). $40_{31\ 34}$ $41_{18\ 25}$ schreibt 967 *φοινεικες*, 43_{14} *μεικρου* 967.
ο—ω; ω—ο: § 6_{28-31}. 43_{11} *φυλάξονται*] *-ξωνται* 967, 46_{19} *νώτου*] *νοτου* 967 (vgl. S. 68).
ι—ει u. υ—ου: 34_{23} *Δαυιδ*] *δαουειδ* 967 988, $37_{24\ 25}$ schreibt 967 ebenfalls *δαουειδ*.
§ 6_{49}. 45_{17} 46_{3} *νουμηνίαις*] *νεομ.* 967, 46_{6} *νουμηνίας*] *νεομ.* 967.

b) Konsonanten

κ—γ: § 7_{3}. 34_{21} *ἐκλεῖπον*] *εγλειπον* 988.
κ—χ: § 7_{9}. 16_{24} *ἔκθεμα*] *εχθεμα* 967.
ν—μ: § 7_{18}. 41_{15} *πεφατνωμένα*] *πεφατμωμ.* 967, 41_{20} *φατνώματος*] *φατμωμ.* 967.
λλ—λ et μ—μμ: § 7_{40}. 34_{29} *ἀπολλύμενοι*] *απ[ο̣λ̣υ̣]μμενοι* 988.
§ 9_{6}. $21_{3\ (8)}$ *ἐγχειρίδιον*] *ενχειριδιον* 967.
§ 9_{7}. 41_{15} *κατόπισθεν*] *-θε* 967.
§ 9_{9}. 18_{4} *οὕτως*] *ουτω* 967.

c) Grammatika

§ 10_{15}. 14_{21} *τέσσαρας*] *-ρες* 967, 45_{3} *χιλιάδας* 1^{0}] *-δες* 967 (vgl. S. 78).
§ 10_{21}. $43_{13\ 14\ 17}$ *πήχεος*] *-χεως* 967, *πηχεων* schreibt 967 in $40_{5\ 7(bis)\ 9\ 11\ 15\ 42}$.
§ 16_{3}. 47_{5} *ἠδύνατο*] *εδυνατο* 967 (vgl. S. 78).
§ 16_{5}. 40_{3} *εἱστήκει*] *ιστηκει* 967 (vgl. S. 79).
§ 16_{6}. 40_{4} 43_{7} 47_{6} *ἑόρακας*] *εωρακας* 967 (vgl. S. 79).
§ 16_{8}. 18_{16} *ἐνεχύρασε*] *ηνεχυρασε* 967.

d) Verschreibungen

18_{16} *οὐκ*] pr. *κ* 967*, 40_{1} *αἰχμαλωσίας*] *αιαχμαλ.* 967*, 40_{13} *τόν*] *τν* 967*.

B Kollation mit dem Text der Ez.-Ausgabe

12 6 *τῷ* 967] pr. *εν* 534; pr. *coram* Bo **7** *ἐξήνεγκα* 967] pr. (※ Q) *σκευη* B *O'* 538 Hi. = 𝔐↓; + *σκευη* L'^{-36}; | *ὡς σκεύη*] > B; om. *ὡς* 967 36-311 Co Arm **18** *ὕδωρ* B *O*-147' *lI*] + *σου* 967 rel. = 𝔐 | *θλίψεως*] *εκθλ.* A; pr. [*με*]*τα* 967 = 𝔐 **19** *κύριος* B 967 Co] pr. *αδωναι* rel. = 𝔐 | *ἐπί* 967] pr. *και* Q^{mg} *L'*-311 . . . | *ἐνδείας* 967(vid.)] *οδυνης* 239

13 7 *εἰρήκατε* 967] *εωρακατε* *C'* Co | fin. B 967 Sa . . .] + (※ *O*) *και* — *ελαλησα* rel. = 𝔐↓ **8** *ὑμῶν* 1^{0} 967] *μου* 62 | *ἰδού* 967(vid.)] > 534 Arm **18** *πάντα* 967] *-των* V | *ποιούσαις* 967(vid.)] *-σαι* 87*-239; | *ἐπιβόλαια* 967(vid.)] *περιβ.* 86^{c} | *πᾶσαν κεφαλήν* 967(vid.)] *πασης κεφαλης* 534 106 | *πάσης* 967(vid.)] > 106 | *διαστρέφειν* 967(vid.)]·*-στρεψαι* *C'* . . .

14 3 *ἔθηκαν* 967(vid.)] *εθεντο* 538-46 | *αὐτοῖς*] [*προς*] *αυτους* 967 **4** *ἐκ* 967] > 147' | *θῇ* 967(vid.)] *διαθη* 534 | *διανοήματα* 967] *νοηματα* V **11** *πλανᾶται* 967(vid.)] *πλανηται* *C*; *πλανωνται* *L*-311-V-46 . . . = 𝔐 | *ἔτι* 2^{0}

967] *οτι* 410; > 87 | *ἔσομαι αὐτοῖς* 967] tr. 410 | *κύριος* B 967(vid.) 26 403′ La^{S} Bo] . . .; pr. *αδωναι* rel. = 𝔐 **21** *ῥομφαίαν* 967] pr. *και* 130 26 | *ἐξαποστείλω*] . .]*ποστειλ*[*ω*] 967; . . .; *επαποστελω* A″-106 *C″* Arab; **22** *ἀνασεσῳσμένοι* 967] *ανασωζομενοι* 46 *C″* . . . | *ἐξάγουσιν* B 967 130-233 Or.] *εξαξουσιν* rel.↓; + *εξ αυτης* B *L″* . . .

15 8 *κύριος* B 967(vid.) A″-403′ La^{S} Co] pr. *αδωναι* rel. = 𝔐

16 2 *Υἱὲ ἀνθρ.* 967(vid.)] > 147 Tht.^{p} | *διαμάρτυραι* 967] -*ρε* Q alii | *τῇ* 967(vid.)] *την ο* 538 534 106 | *ἀνομίας* 967] ⟨*α*⟩*μαρτιας* 393 **3** *κύριος* B 967 A″-403′ La^{S} Co . . .] pr. *αδωναι* rel. = 𝔐 | *γῆς* 967] *της* 22*(?)-48 106 **12** *ἐνώτιον*] *ενω*[. . .]*ν* 967; -*τια cII*-239′-710 Arm; *ενωπιον* 48-311 544 | *τὸν μυκτῆρα* 967] *των μυκτηρων* 26; | *ἐπί* 1^{0}] *περι* 967 147′ 46 87-534 106 . . . | *τὰ ὦτα*] *τα ωτια* 967 *cI* Tht.; | *καυχήσεως* 967] + *σου* 147 36; | *ἐπί* 2^{0} 967] *περι* 147′ *C″*-239′-393-710 106 . . . | *τὴν κεφ.* 967] *της κεφαλης* Tht. **13** *ἐκοσμήθης* 967] -*μισθης* 233-534; | *χρυσίῳ καὶ ἀργυρίῳ* B 967 *O*-62′ *L″* Co . . .] *κοσμω χρυσω και αργυρω* rel. | *καί* 3^{0} 967] + *εγενετο L′*$^{-V}$-311 | *τὰ περιβ.* / *σου* 967] tr. 46; | *σεμίδαλιν* 967] -*λι* 311 87*(vid.) 106; pr. *και* La^{S} . . . | *καὶ ἔλαιον* / *καὶ μέλι* 967] tr. *O′ L″*$^{-46}$ *cI*-403′ 106 . . . = 𝔐; | *ἐγένου καλή* 967] *εγενετο σοι καλλος* 26; | *σφόδρα*] . . .; + *σφοδρα* 967(vid.) A′-106′ *O′*$^{-62}$ 36-538-*lII C″*-239′-393-710 . . . = 𝔐; | fin. 967] + (※ *O*) *και* — *βασιλειαν O′ L′*$^{-46}$-311-403′ . . . = 𝔐↓ **14** *σοι* B 967 *L′*-311 233-534 La^{S} . . .] *σου* rel. | *ἐν* 2^{0} 967] *επι* A″ 233-239′ . . . **23** *σου* B 967 106 La^{S} Co . . .] + (※ *O* Hi.) *ουαι ουαι σοι* rel. = 𝔐↓ | *λέγει κύριος,* (**24**) *καί*] *λεγ*[. . . 967 **25** *ᾠκοδόμησας*] pr. *και* 967: ex **24** | *ἐλυμήνω*] -*νου* V; -*νη* 967 | *τὸ κάλλος*] *τ*[.] *καλ*[. . . 967; *τω καλλει* 62′ **36** *κύριος* B 967 La^{S} Co] . . .; pr. *αδωναι* rel. = 𝔐 | *ἀποκαλυφθήσεται*] [*α*]*π*[*ε*]*καλυφθη* 967; *ανεκαλυφθη* 407 | *αἰσχύνη*] *ασχημοσυνη* 967 *C″*-239′-710 Co | om. *σου* 2^{0} 967 *O*$^{-Q}$ 764 Arm | *ἔδωκας* B 967(vid.) A″-403′ 62] *δεδωκας* rel. **37** *ἰδοὺ ἐγώ*] > 967; om. *ἰδού* 490 | *ἐπὶ σὲ συνάγω*] *επι* [. . . (|)*αγω* 967 | *ἐπεμείγης*] *επεποιθεις* 967 **45** *αἱ ἀδελφαί*] . . .; om. *αἱ* B 967 88-147′ **46** *ἡ* 2^{0}] absc. 967; > 26 | *Σαμάρεια, αὐτή*] *αυτα σαμα*[. . . 967 | *ἡ κατοικοῦσα* 1^{0}] [*αι*] *κατοικουσαι* 967 Syh La^{S} Aeth Hi. **54** om. *τήν* — *ἀτιμωθήσῃ* 967: homoiot. | *σε παροργίσαι*] tr. 967 = 𝔐; om. *σε* B *O*-62′ 538 106 239′ Arm | *με*] *εμε* 967 **55** *καθώς* 1^{0}] pr. *και* 967 | *καὶ Σαμ.* — *ἀρχῆς* 2^{0} 967] > B 62′ 311 90-*cII*-710^{txt} 106′ La^{Ctxt} Co . . .

17 2 *εἶπον*] *ειπ*[. .] 967; *ειπε L″*$^{-449}$ . . . | *τοῦ Ἰσρ.*] *θεου* 403′; om. *τοῦ* 967 *o L″* 544 710* Tht. **3** *κύριος* B 967 A″-403′ La^{C} Bo] . . .; pr. *αδωναι* rel. = 𝔐 | *Ὁ* 1^{0} 967] > B | *ἐκτάσει*] *εκστασει* 967 A″-106 *o* 96-538 *C*$^{-87}$-49-233-86-239′ | *ἔλαβε*] *λαβειν* 967 Spec. **4** *ἁπαλότητος*] *απλοτ.* 967 147 46 490 410; | *Χανααν, εἰς πόλιν*] *χαναα* [. . . 967 | *ἔθετο αὐτά*] *ε*[. . . 967 **5** *ἀπό*] *εκ* 967 | *εἰς τὸ πεδίον φυτόν*] *εις* [7-9 litt.] *φυ*[. . . 967 **12** *οἶκον* B 967 Q-62′ *L′*$^{-36}$-V . . .] . . .; + *ισραηλ* rel. | *ἦν* B 967 *O′*(Q^{txt}). . .] *εστι(ν)* rel. | *ταῦτα* B 967 Q^{txt}-88-62′ *L″* 544 . . .] + *α* rel. | *ἐπί*] *εις* 967 A′-403′ 62 Arab | *ἑαυτόν* B *O*-62 *L″* . . .] . . .]*ν* 967; *αυτον* rel. **13** *ἡγουμένους* 967(vid.)] *ηγεμονας* B **14** *βασιλείαν* 967] -*λεα* 534 Tht. **21** *διότι*] *οτι* 967 26 | *λελάληκα*] *ελαλησα* 967 **22** *διότι* B 967 *O*$^{-Syh}$-62′ 449 106 La^{C} . . .] > *L′*$^{-36}$-V-46 . . . = 𝔐; *δια τουτο* rel. | *κύριος* B 967 A″-403′ La^{C} Bo] . . .; pr. *αδωναι* rel. = 𝔐 | *τῶν ἐπιλέκτων* 967] *των εκλ.* B 26; | *κορυφῆς* B 967 La^{C} Bo . . .] + (※ *O* 86 Hi.) *και* — *αυτης* rel. = 𝔐↓ **23** *κρεμάσω αὐτόν*] *κρεμαστον* 967 | *τοῦ Ἰσρ.*] om. *τοῦ* B 967 *O′ L″* 410 . . . | *ἐξοίσει*] *λημψον*[*ται*] 967 | *μεγάλην, καί*] *μεγα*[. . .] 967 | *θηρίον*] *ορνεον* B 967 *O*(Syh^{txt})-62′ *L″* La^{C} . . . = 𝔐↓; | om. *τήν* 967 **24** om. *καί* ult. 967

18 **2** τί] τις 967 *L*'' 534 . . . ; | ἐν τοῖς υἱοῖς] εν τω 967 Cyr. IV 420 VI 949; επι της γης Syh^{mg} *L*''(449^{txt}) . . . = 𝔐; pr. επι της γης A''-410 | Ισραηλ] . . . ; + επι της γης 967 **3** κύριος B 967 46 26 239' 403' 544 La^{CS} Bo . . .] pr. αδωναι rel. = 𝔐 | λεγ. / ἡ παραβ. αὕτη] tr. 967 147 403' . . . ; **4** υἱοῦ] + πασαι αι ψυχαι 967 *L*''$^{-46}$ . . . **5** ὁ 2^{0}] . . . ; > 967 449* . . . | κρίμα καί] . . . ; > B 967 La^{CS}; **6** om. αὐτοῦ 2^{0} 967 Clem. II 187 **7** fin. B 967 *L*'$^{-36}$-46 La^{CS} Bo . . .] . . . ; + ιματιον rel. = 𝔐 **8** καὶ τὸ ἀργ. αὐτοῦ] ÷ 88; om. καί 967 V-449 . . . | ἐπὶ τόκῳ / οὐ δώσει] tr. 967 | κρίμα] pr. και 967 *L*'' . . . | τοῦ πλησίον αὐτοῦ] . . . ; προσηλυτο[υ] 967; om. αὐτοῦ 239 Clem. II 187 = 𝔐 **9** καὶ τοῖς] και εν τοις *L*'' La^{CS} Bo . . . ; εν τοις 967 Clem. Hi. = 𝔐 | om. καί 2^{0} B 967 *O*$^{-Syh}$-407 106' La^{CS} . . . | ἐστι] εσται 106; > 967 | κύριος B 967 26 403' 544 La^{CS} Bo . . .] pr. αδωναι rel. = 𝔐 **10** αἷμα] -ματα 967 130; | ἁμαρτήματα 967] -τημα B 88 106 La^{CS} **12** ἀνομίαν] . . .]ας 967 | πεποίηκε] εποιησε(ν) 967 V **13** om. οὗτος 967 = 𝔐↓ | om. τό 967 **14** πάσας / τὰς ἁμαρτίας] tr. 967 | om. αὐτοῦ 967 | κατὰ ταύτας] . . . ; κατα ταυτα 967 62; **16** πειν. ἔδωκε] πειν. δεδωκε(ν) 967 *lI* 86* 403'; **17** ἀπό 967] απ B | οὐδέ B A''-410 . . .] και 967 rel. = 𝔐 | οὐ τελ.] pr. και 967; pr. ουτος *O*$^{-Q}$-62 *L*''-403' . . . = 𝔐↓; **18** ἁρπάσῃ ἅρπαγμα] tr. 967 **19** ὅτι 1^{0} 967] bis scr. B*; | τὴν ἀδικίαν ὁ υἱός τοῦ πατρός B Q-62] . . . ; ο υιος την αδ. του π. αυτου (> 967 88) 967 88 *L*''-403' . . . = 𝔐; ο υιος αδικιαν π. αυτου rel. | καὶ ἔλεος ἐποίησε] επο[ιησ]εν και ελεον 967 **20** ἡ δέ] . . . ; om. δέ 967 Bo . . . = 𝔐 | ἁμαρτάνουσα B 62' 106 . . .] + (※ *O*$^{-Q}$) αυτη 967 rel. = 𝔐 | ὁ δέ] > A' . . . = 𝔐; om. δέ 967 *L*'' Bo . . . ; οὐ] absc. 967; | πατρός B 967 407 La^{S} . . .] + αυτου rel. | οὐδὲ ὁ π.] . . . ; om. ὁ 967 A' *O* *C*''-86'; | τὴν ἀδ. τοῦ 2^{0}] . . . ; τας αδικιας τ[ου] 967 | υἱοῦ B 88-62' La^{S} . . .] + αυτου 967 rel. | δικαίου Cypr.] absc. 967; δικαιω B; | καὶ ἀνομία — fin. 967] bis scr. B*; | ἀνόμου 967 Cypr.] ανομω B **21** δικαιοσύνην καὶ ἔλεος Spec. Gild.] . . . ; δικ. και ελεον 967 62 Or. X 13; κριμα και δικ. και ελεον *L*'' . . . ; | οὐ B 147] pr. και 967 rel. **22** om. ὅσα ἐποίησεν 967 Co | οὐ B 407 46 Tht.] + μη 967 rel. | μνησθήσεται] -σονται 967 *C*'-86-239'; **23** om. αὐτόν 1^{0} 967 **24** ἐκ] απο 967 A''-106' 147' *L*'' Tht. | om. αὐτοῦ 1^{0} 967 | ποιήσῃ 967] -σαι B 62 *L*'-V-46 130-403' . . . ; | ἀνομίας] αδικιας 967 147' *C*''-86^{txt}-710-239'-613 26' . . . | ἄνομος] + (※ *O*$^{-Syh}$) και ποιηση και ζησεται *O*'$^{-Syh}$ = 𝔐↓; + εαν ποιηση ου ζησεται Syh *L*'' . . . ; + εαν ποιηση 967 **25** ἀκούσατε — κατευθύνει 2^{0}] > 967 Bo **26** τὸν δίκ. B *O*-62' V 106'] om. τόν 967 rel. | ἀποθάνῃ] -νειται εν αυτω *L*-V; + εν αυτω 967: cf 𝔐 | ἐποίησεν] παρεπεσεν 967: cf. 24 **28** init. B 967 La^{S} Co . . .] pr (※ *O*) και (ε)ιδε(ν) rel. = 𝔐 | ἀπέστρεψεν] επεστρ. 967 147' | τῶν 967] > B *O* *cII*-239' | οὐ] pr. και 967 233-306 La^{S} Co . . . **29** om. ὁ 967 62 | om. τοῦ 967 A''-106 *C*''-86'-239'-403' . . . | οὐχί] ουχ 967 *L*'$^{-36}$ 231(51*); **30** init. B 967 *C*''-86' 106 La^{S} . . .] pr. (※ *O*) δια τουτο rel. = 𝔐↓ | κύριος B 967 La^{S} Co] pr. αδωναι rel. = 𝔐 | ἐπιστράφητε καὶ ἀποστρέψατε ↓] επιστρεψατ[ε και] αποστρ. 967; επιστρεψατε και αποστραφητε *C*''-86'-239' **31** ἀπό B A' *O*-62'] αφ 967 rel. | ἑαυτῶν] αυτων 967 | ἠσεβήσατε] . . .]ε 967; εποιησατε A''-106' Co . . . **32** om. λέγει κύριος 967 Cyr. IV 632 Fulg.: cf. 32$_{32}$ | fin. B 967 La^{S} Co . . .] + ως — ζησατε 62 *L*'' . . . ; + (※ *O*) και — ζησατε rel. = 𝔐↓

19 **2** Τί] οτι 967 **4** ἤκουσαν] -σε 967 534 Tht.; **5** ἀπώλετο B 967 *O*'$^{-Syh}$ Aeth] pr. και rel. **6** om. λέων ἐγένετο 967 Sa **7** τῷ θράσει] pr. εν 967 A''-403'-410 *L*'' La^{S} Bo . . . ; **8** ἐκ χωρῶν] εχθρων 967 **9** ἔθεντο] εθετο 967 147' *lI* 106 | εἰσήγαγεν B 967 Q 410 La^{S}] -γον rel. | ἡ φ. αὐτοῦ 967] pr. αυτου B*; **10** ὡς 2^{0} 967] pr. και B . . . ; | om. ὁ 1^{0} 967

11 ἰσχύος] . . .; > B 967(vid.) V La^{S} Co | τῷ μεγ.] pr. εν 967 A''-403' *L''* La^{S} Co . . .

20 5 om. οἶκον 967 = 𝔐 | ἐγνωρίσθην] . . .; εγνωσθην 967 *L''* Tht. | γῇ Αἰγύπτου] γη αιγυπτω 967 A'' 88-62' 46 *cII*(130*)-239-403'; **6** εἰς τὴν γῆν] εις γην χα[ν]αаν 967; | ἡτοίμασα] ωμοσα 967 A La^{S} | αὐτοῖς] τοις πατρασιν αυτων 967 | κηρίον 967] δυνατη B^{mg}↓; **7** om τά B 967 *O* | ἀπορριψάτω] absc. 967; -ψατε 147 *L'*-V 86^{c} . . . = 𝔐 **8** τὰ βδελ. B 967 A'-106' La^{S} Co . . .] pr. (※ *O*) εκαστος rel. = 𝔐 | om. τῶν 967 | ἀπέρριψαν] απερ[. . . 967; **16** ἐβεβήλουν] ε[. . . 967; | τῶν καρδιῶν] των [. . . 967; καρδιας B La^{S} Bo = 𝔐 **17** om. αὐτούς 2⁰ 967 | αὐτοὺς εἰς συντέλειαν] επ αυτους συντ. 967: cf. 𝔐 **18** συναναμίσγεσθε B] . . .; συναναμιγνυσθε 967 rel. **19** φυλάσσεσθε] φυλασσετε 967 Q^{c}-88-147' 36-538-46 *C'*-130-233-86'-239'-403' 106' . . .; **20** ἔστω] εσται 967 *O' L''* 233 . . . | διότι] οτι 967 A'' *L'*-311 *cII*-403' . . . **21** ποιήσει B 147' La^{CS} . . .] ποιησας αυτα 967 449 Iust.; . . .; + (※ *O*$^{-Q}$) αυτα rel. = 𝔐↓ | om. καί 4⁰ 967 239 Co . . . | ἐν τῇ ἐρήμῳ] pr. και 967 **22** ὧν 967] και B Q-62 La^{CS} Sa . . .; **23** καί] + (※ *O*$^{-Q}$) εγω 967 *O*$^{-Q}$-62 . . . = 𝔐↓ | διασπεῖραι B 147' 410] pr. και τον 967 A' = 𝔐; pr. (※ 86) και rel. ↓; διασκορπισαι A 538-449: ex praec. **24** πατέρων] καρδιων 967 147' 106; **26** fin. B 967 La^{CS} Sa . . .] + (※ *O*) ινα — κυριος rel. = 𝔐↓ **27** κύριος B 967 A*-26-403'-544 La^{S} Co] pr. αδωναι rel. = 𝔐 **28** om. εἰς 2⁰ B 967 *O*$^{-88}$-147' Co = 𝔐 | τὴν χεῖρα 967] bis scr. B | om. τοῦ B 967 106 | αὐτὴν αὐτοῖς] . . .; om. αὐτήν B 967 A'' La^{CS}: cf. 47$_{14}$ | εἶδον] . . .; (ε)ιδοσαν 967 Q-62 449 106 | πάντα] παν 967 A''-106 Q*-62 *C*$^{-490}$-233-534-86'-239'; | τοῖς θεοῖς αὐτῶν] τας θυσιας αυτων 967 106' = 𝔐; | εὐωδίας B 967 106' La^{CS} Co . . .] + (※ 88) αυτων rel. = 𝔐 | σπονδάς B 967 Q-*o* *L''* . . .] pr. (※ 88) τας rel. **29** εἶπα 967] ειπον B *L''*$^{-449}$-403' . . .; | Τί 967] τις B; | Αβαμα 1⁰ 22^{txt}-763 Sa . . .] . . .; αβανα B 967 Syh 48*-51-96*-231^{txt}-*lI*-449 La^{CS} Bo; . . .; η αβbανα rel. | Αβαμα 2⁰ 22^{c}-763 Sa] . . .; αβανα B 967 Syh *L'*$^{-36\ 763}$(22*)-449 239' La^{CS} Bo; . . .; αββανα rel. **30** τοῦ 967] > B 147' 233-534 410 | κύριος B 967 147 La^{CS} Sa] pr. αδωναι 62 *L''* Tht. = 𝔐; . . .; + κυριος ο θεος rel. **31** ἐν 2⁰ B *O'*(Q^{txt}) *C'*-86' 106 Co] pr. και 967 rel. | ἀφορισμοῖς B 233 La^{CS} Co] + υμ[ων] 967; + (※ *O*$^{-Syh}$) των υιων — πυρι *O'*$^{-Syh}$↓; + υμων — πυρι Syh *L''* . . .; + υιων — πυρι rel. = 𝔐↓ | om. τοῦ 967 *L''* 534 Tht. | κύριος B 967 A''-106' La^{CS} Co . . .] pr. αδωναι rel. = 𝔐 | om. καί ult. 967 **32** λατρεύειν] δουλευειν 967 **33** κύριος B 967 26 403' 544 La^{CS} Co . . .] pr. αδωναι rel. = 𝔐 | εἰ μήν] . . .; εαν μη 967(vid.) A''; > B Co; **34** ἐν 3⁰ 967] > B La^{C} Tyc. **35** κατά] προς 967 534↓ **36** κύριος B 967 407 La^{CS} Co . . .] pr. αδωναι 62 *L''* Tht. = 𝔐; . . .; + κυριος ο θεος rel. **37** om. μου 967 Sa = 𝔐 | εἰσάξω] διαξω 967↓ **38** ἐκλέξω] εγλεξω 967; ελεγξω B; | ἐξ] αφ 967 130; | γῆς 46 86] της γης της *L''*$^{-46}$ . . .; της 967 rel. | παροικεσίας] -οικιας 967 51^{c}-46-449 *cII*(233*) 544 . . . | κύριος 967 *O' L''* 106 La^{CS} Co . . .] + κυριος B; + ο θεος rel. **39** κύριος 967 La^{CS}] . . .; + κυριος B A-106 *O*(Syh^{txt})-147' 534 Sa . . .; . . .; + κυριος ο θεος rel. | εἰ μή] εαν *L''* Tht.; ει μεν 967; om. μή B^{c} Q^{c} Sa . . .; | εἰσακούετε] . . .; υπακουετε 967 | μου / τὸ ἅγιον] tr. 967 26 = 𝔐 **40** ὑψηλοῦ B 967* A''-403' 62' 490^{c} Co . . .] . . .; + (÷ pro ※ 88) ισραηλ 967^{c} rel. = 𝔐 | κύριος 967 La^{CS}] pr. αδωναι 62 *L''* Bo . . . = 𝔐; . . .; + κυριος rel. | καὶ ἐκεῖ ἐπισκέψομαι] > 967: homoiot.; **44** om. τὰς κακάς 967(‖) | κύριος 2⁰ B 967 62 403' 544 La^{CS} Co] . . .; pr. αδωναι rel. = 𝔐 **46** Δαρωμ 88-Syh^{txt}-62 Hi.] δαρων 967; . . .; δαγων rel. **47** κύριος 967 88 La^{CS} Sa . . .] . . .; + κυριος B Q-147' 106 Aeth; . . .; + κυριος ο θεος rel. | ἐν σοί 1⁰] . . .; om. ἐν 967; > A |

πᾶν 1⁰] > B 967 La^{CS}; | om. *πᾶν* 2⁰ 967 Hi. | *ἐξαφθεῖσα*] *εξαναφθεισα* 763*; *αναφθεισα* 967 | om. *ἐν αὐτῇ* 967 | *πρόσωπον*] pr. *το* 967 **48** *ἐπιγνώσονται* B *O*(Syh^{txt})-62 *cII*-86^{c} 26 410] -*σεται* 967 rel. | *οὐ* B 967 Q-62' La^{S} Co ...] pr. (÷ 88) *και* rel. **49** *κύριε* 1⁰] *αδωναι* 62 *L''* Tht. = 𝔐; > 967 La^{S} Co Tyc. | *αὐτοί*] pr. *και* 967 Aeth Arm

21 **2** *προφητεύσεις*] *προφητευσον* 967 147' *L''*$^{-449}$ 26' ... | *Ισρ.*⌒*Ισρ.* (v. 3) 967 48 *C'*-233 544 Sa ... **3** *Ισρ.* B^{txt} 106] + (※ Q) *ταδε λεγει κυριος κυριος* B$^{(mg)}$ *O*-147 Sa Aeth↓; ...; + *ταδε λεγει κυριος* 967 62' La^{S} ... = 𝔐; ...; + *ταδε λεγει κυριος ο θεος* rel. | *'Ιδοὺ ἐγώ* 967] > B^{txt} **4** init. — *ἄνομον*] ÷ *O* 449; ...; > 967 A-106' 22-231-763 87-764-403' La^{S} Sa ...

25 **5** *νομήν*] *προνομην* 967 A'-106; | *ἐπιγνώσεσθε*] *γνωσεσθε* 967 | *διότι*] *οτι* 967 147 *lI'* 106 ... **6** *κύριος* B 967 62 *L'*$^{-36}$ 90-233 La^{C} Bo] pr. *αδωναι* Syh *lII* Tht. = 𝔐; ...; + *κυριος* rel. | *τὴν χεῖρα* B Q^{txt}-88-62 449 130 La^{C}] *τας χειρας* 967 A''; *τη χειρι* rel. | *ἐπέχαρας* B 967 A' Q 233] -*ρης* rel. | *ἐκ ψυχῆς*] *τη ψυχη* 967* Tht. **7** *διὰ τοῦτο* B 967 *L'*$^{-36}$ La^{C} Bo] + (※ *O*;) *ιδου εγω* rel. = 𝔐 | *ἀπολῶ* B A' V-449 ...] ...; *απολεσω* 967 rel. | *ἐπιγνώσῃ*] ...; *γνωσῃ* 967 26 | *διότι*] *οτι* 967 V-449 Tht. **8** *κύριος* B 967 62 *L'* La^{C} Bo] pr. *αδωναι* rel. = 𝔐 | *Μωαβ* B 967 *lI* 544 La^{C} Bo ...] + (※ *O* Hi.) *και σηειρ* rel. = 𝔐↓ | *'Ιδού*] + *ουχι* 967; + *ουχ* B *L'* La^{C} Bo; **9** *παραλύω*] -*λυσω* 967 88; | *ἀπό*] pr. *και* 967 | *τῶν πόλεων*] om. *τῶν* B 967 147' *L''* 106 ...; | *οἶκον*] ...; *οικου* 967 88 26 410; | *Ασιμουθ* Bo] *θασιμουθ* B*; *εσεμουθ* 967*; *αισειμουθ* 967^{c}; ...; *βαιθασιμουθ* rel. | *ἐπάνω πηγῆς* 967] *επαναγωγης* B*; **10** *τοῖς υἱοῖς* 967] *υιοις* 46; *τους υιους* rel. | *αὐτούς* V-449^{c} Tht.] ...; *αυτην* 967 *L'*$^{-36}$ 86^{mg} 544 La^{C} = 𝔐; -*τω* rel. | *μνεία γέν.*] tr. 967 A''-106'-239' V-449 ... | om. *τῶν* 967 106 Tht. | fin. B 967 *L'*$^{-36}$-46 La^{C} Bo ...] + (※ *O*) *εν τοις εθνεσι(ν)* rel. = 𝔐↓ **11** *ἐπιγνώσονται*] *γνωσονται* 967 *L*; | *διότι*] *οτι* 967 *L*-V Tht. **12** *κύριος* B 967 62 *L'* La^{C} Bo] ...; pr. *αδωναι* rel. = 𝔐 | *εἰς τὸν οἶκον*] *εν τω οικω* 967 *lII* Tht.; **13** *κύριος* B 967 62 *L'*$^{-36}$ La^{C} Bo] pr. *αδωναι* rel. = 𝔐 | *ἐξ*] *επ* 967; *απ* 46 | *ἔρημον*] pr. *εις* 967: cf. 33$_{29}$ 35$_{3}$ **14** *ἐκδίκησιν* 1⁰ B 967 Q-*o* *L'*$^{-36}$] pr. *την* rel. | *ὀργήν μου καὶ κατὰ τὸν θυμόν μου*] *οργην του θυμου μου* A''-106 Arm; *οργην μου* 967 62 Tht.; om. *κατά* 88^{txt} Hi. | *ἐπιγνώσονται*] -*σεται* *cI*; *γνωσονται* 967 | *κύριος* B 967 A''-403' 62 *L'* Bo] pr. *αδωναι* rel. = 𝔐 **15** *διὰ τοῦτο*] *οτι* 967; > 147 *lII* Bo ... = 𝔐; | *κύριος* B 967 62 *L'* 233 Bo] pr. *αδωναι* rel. = 𝔐 | *ἐν ἐκδικήσει*] *εκδικησιν* 967 Aeth Hi.; *εκδικησεις* 410; ...; om. *ἐν* 311-449* *C'*$^{-764}$-233-403' | *ἐπιχαίροντες*] *χαιροντες* 967; | *ἐξαλ. ἕως αἰῶνος*] *εξαλ. εχθραν αιωνιον* 967 = 𝔐; *διαφθειραι εκ ψυχης κατ εχθραν αιωνιον* Q^{mg} *lII* Tht.↓ **16** *κύριος* B 967 62 *L'* Bo] pr. *αδωναι* rel. = 𝔐 | *ἐκτενῶ* B A''-239'-410 147' V ...] *εκτεινω* 967 rel. | *τὴν παραλίαν*↓] ...; *την παραθαλασσιαν* 967 A''-106' Q^{mg} *C'*-86'-403' **17** *ἐν αὐτοῖς* 967] *εν αυταις* (*ται**) B^{c}; | *ἐκδικήσεις μεγάλας*] *εκδικησιν μεγαλην* 967 Arab | *ἐπιγνώσονται*] *γνωσονται* 967 | *διότι*] *οτι* 967 V-449 Tht. | *κύριος* B 967 A''-403'-410 62 *L'* Bo] pr. *αδωναι* rel. | *ἐν τῷ δοῦναι*] ...; + *με* 967* A 46 = 𝔐: cf. 30$_{25}$

26 **1** *ἐγενήθη*] *εγενετο* 967 A'' 147' V-46 *C*-403' ... | *ἑνδεκάτῳ*] ...; *δεκατω* 967 *o* 538 *cII*-86 26 544 Bo | *ἐγένετο*] *εγενηθη* 967; **2** *ὧν* 967] *ου* B; **3** *κύριος* B 967 62 *L'* Bo] pr. *αδωναι* rel. = 𝔐 **4** *Σορ*] *σου* 967 A*(vid.)-26 62 V-46 Tht.↓; | *καταβαλοῦσι* 2⁰] *καθελουσι(ν)* 967 A''-403' Q^{mg} *lII* Tht. **5** *ἐν μέσῳ θαλ.*] ...; *εν μεσω της θαλ.* 967 A''-106'-403' V-449 Tht. = 𝔐 | *λελάληκα*] *ελαλησα* 967 A''-106'-403' *O'* 46-449 | *κύριος* B 967 62 *L'*-403' Bo] pr. *αδωναι* *lII* Tht. = 𝔐; ...; + *κυριος* rel. **6** *αὐτῆς*] + (※ *O*) *αι* 967 A''-239-306^{c} *O* *L'*$^{-48}$ Tht. = 𝔐 | *τῷ* 967] > B *O'* *lI* *cII* |

ἐγώ] + *ειμι* 967 A''-106'-403' verss. 7 *ὅτι*] *δια τουτο* 967 A''-106-403'; | *κύριος* B 967 62 *L'* Bo] pr. *αδωναι* rel. = 𝔐 | *ἐπάγω* 967] ...; > B^{txt} | om. *σέ* 967 Q 544 Bo = 𝔐 8 *ἐπὶ σέ* 2^{0}] *περι σε* 967 **10** om. *τοῦ* 967 48*-46 233-239' 26

28 **19** *στυγνάσουσιν* Tyc.] *στεναξουσιν* B 967 Co: cf. 26$_{16}$ | *ἐπὶ σέ*] *επι σοι* 967 *L''*$^{-449}$ 410 ... **22** *κύριος* 1^{0} B 967 A''-403' Co ...] > A^{c}; pr. *αδωναι* rel. = 𝔐 | *ἐνδοξασθήσομαι*] *δοξασθησομαι* 967 **23** *αἷμα καὶ θάνατος* B 967 Co] ...; *και* — *αιμα* rel.: cf. 𝔐 | *ἐν ταῖς πλ. σου*] pr. *εσται* 967 Co; + *εσται* A''-106' Q^{mg} 36 *C'*-86-239'-403'; om. *ταῖς* 967 | *ἐν μαχαίραις ἐν σοὶ περικύκλῳ σου*] *εν μαχαιρα εν σοι π. σου* 763 Co = 𝔐; *μαχαιρα εν σοι κυκλω σου* 967; ...; om. *ἐν* 1^{0} B V-449; | *ὅτι* 967] *διοτι* B **24** *ἔσονται οὐκέτι*] tr. A''-106'-403'; *εσ. ετι* 407 *C'*-534-86 ...; om. *οὐκέτι* 967 46 | *τῷ οἴκῳ* 967] pr. *εν* B *O'* Co; | *Ισρ.* 967] ...; pr. *του* B Tht. | *ἀπό* B 967 A'' Co] ...; + (※ 86) *παντων* rel. = 𝔐↓ | *κύριος* B 967 62' Co] ...; pr. *αδωναι* rel. = 𝔐 **25** *κύριος* 967 62' Ir.^{lat}] + *κυριος* B; ...; pr. *αδωναι* rel. = 𝔐 | *Ισρ.* B A''-410 Co ...] ...; pr. (※ *O*$^{-Syh}$) *οικον* 967 rel. = 𝔐↓ | *ἐκ*] *απο* 967 534 | *ἐνώπιον* 967 Ir.^{lat}] pr. *και* B **26** *ἦν* B 967 Q-62' 449 927] *ης* rel. | *δέδωκα* B 407 46] *εδωκα* 967 rel. | *ἐπ' αὐτῆς*] ...; *εκει* 967 | *ὁ θεός* 1^{0}] > 967* | *καὶ ὁ θεὸς τῶν πατ. αὐτῶν*] ÷ *O*$^{-Syh}$; > 967 62 = 𝔐;

29 **1** *δεκάτῳ* 1^{0} 967 ↓] *δωδεκατω* B Syh^{mg}-62' *L*$^{-36}$-311 233-613 927 Co ... | *ἐν τῷ δεκ. μηνί*] > 407; om. *ἐν* 967 V; om. *τῷ* B | *δεκ. μηνί*] ...; *δωδεκατω μηνι* Syh^{mg} *L*-311 *C* ... = 𝔐; *μηνι τω δωδεκατω* 967; *μηνι τω δεκατω* Syh^{txt} 239' **2** *ἐπ' Αἴγ.*] *επι αιγ.* 967 88 **3** init. B 967 Co] ...; pr. (※ *O*) *λαλησον* rel. = 𝔐↓ | *κύριος* B 967 Bo] pr. *αδωναι* *L''*-403' Tht. = 𝔐; ...; + *κυριος* rel. | *σέ* 967] > B Co ... | *Φαραω* B 967 Co ...] ...; + (※ *O*) *βασιλευ αιγυπτου* rel. = 𝔐↓ | *αὐτοῦ* Or. IV157] ...; *αιγυπτου* 967 Syh^{mg} *C'*-403' Or.^{lat}; **4** *καὶ ἐγώ*] *καγω* 967 | *παγίδας*] ...; pr. *εις τας* 967*; pr. *τας* 967^{c} A'; | om. *σου* 2^{0} 967 106 Bo ...↓ | *σου* 4^{0}] > 967 A 62' 46; 4^{0}⌒5^{0} B 239 Co | *σου* 5^{0}] ...; > 967 *O*$^{-Q}$-407 V *C''*$^{-233}$-86 410 ... **5** *καί* 1^{0} — *σου*] > 967 106: homoiot. | *πεδίου*] + *σου* 967 *O*$^{-88}$ *cII*-239' 410 927 Sa ...↓ | om. *καί* 3^{0} 967 = 𝔐 | *καὶ οὐ* 2^{0}] *ουδ ου* 967 A'; | *περισταλῇς*] -*λησῃ* 967; **6** *ἐγενήθης*] *εγενηθητε* 967; *εγενηθη* 46* 534 **7** *ὅτε* 1^{0} 967] *οτι* B 62' 46 534 106 544 | *ἐπελάβοντο* 967] -*βετο* B *O'* *C''*-86^{txt}-239' 927 ... | *ἐπεκράτησεν*] *επεκροτησεν* B^{c} (*εκροτησεν**) Q^{c}-407 *L'*$^{-22}$-46 26 Co ...; *επεκροτησαν* 967; **8** *κύριος* B 967 62' 534 Bo] pr. *αδωναι* *L''* Tht. = 𝔐; ...; + *κυριος* rel. **9** *ἡ γῆ Αἴγ.*] pr. *πασα* 967 A''-106'-403' ...; **10** *γῆν* B 967 Q *C''*-86-239' 927 ...] pr. *την* rel.↓ | *καὶ ῥομφ.* 967] ...; om. *καί* B *O'*$^{-Syh}$ La^{S} Co = 𝔐; | *Αἰθιόπων*] *αιθιοπιας* 967 A''-106' ... **11** init.] pr. *και* 967 Arm | *ἐν αὐτῇ* / *πούς*] tr. 967 **12** *ἀπώλειαν*] pr. *εις* 967 A' *L''* *C* Co ...

32 **30** *ἐκοιμήθησαν*] pr. *και* 967 A''-403'-410 = 𝔐 | *ἀπήνεγκαν*] -*γκαντο* 967; **31** *βασιλεὺς Φαραω*] tr. 967 | *αὐτῶν* B 967 La^{C} Co ...] + (※ *O*) *τραυματιαι* — *αυτου* rel. = 𝔐↓ | *κύριος* 967 Sa] pr. *αδωναι* 62' *L''*-456 Bo ... = 𝔐; ...; + *κυριος* rel. **32** *αὐτοῦ* 1^{0}] *αυτων* 967* A'-239' 449; | *γῆς* Tyc.] *της* B 967 A-106 *cII*-86; | *αὐτοῦ* 2^{0} 967] + *μετ αυτου* B 407 Co ...; | om. *λέγει κύριος* 967: cf. 18$_{32}$

33 **2** *Γῇ*] *γην* 967 239' ... | *ἐπάγω*] *επαγαγω* 967 A'' 407 V; | *δῶσιν* 967] *δωσουσιν* B^{c} ...; **3** om. *τῇ* 967 **4** *ὁ ἀκούσας* 967] ...; om. *ὁ* B | om. *καί* 3^{0} 967 239 | *ἐπέλθῃ*] ...; *ελθουσα* A'; *επελθουσα* 967 106 544 | *καὶ καταλάβῃ*] *καταβαλη* A''; om. *καί* 967 106 **5** *αὐτοῦ* 2^{0} B 967 130-233-86 106' 544 ...] ...; *αυτον* rel. | *καί*⌒*καί* 1^{0} (v.$_{6}$) 967 **6** om. *τῆς* B 967 449 106 ... **7** *σκοπὸν* / *δέδωκά σε τῷ. οἴκῳ Ισρ.*] tr. 967 **8** *εἰπεῖν* 967 ↓]

ειπαι B* 86: cf. $_{13\ 14}$; | τῇ ἀνομίᾳ] τη αμαρτια 967; | τὸ δέ] και το 967 A' 534 ...; | om. τῆς 2⁰ 967 449* Tht. **9** δὲ ἐάν] δ εαν 967; δε αν 88-407 86* | προαπαγγείλῃς] ...; προαναγγ. 88 *L*; προπαραγγ. 967; παραγγ. 62'; | τοῦ ἀποστρέψαι 967] ...; om. τοῦ B 88-407 *L'* 534 544 ... | οὗτος B 967 A'' Q^{txt}-407 130' La^{CS} Bo ...] αυτος rel.; | ψυχὴν σαυτοῦ B *C'*$^{-490}$-130-86-403'] ...; ψ. σου 967 rel.↓ | ἐξῄρησαι] ...; ερ(ρ)υσω A''-106' *L''*-456 ...↓; ρυση 967: cf. $3_{19\ 21}$ **10** ζησόμεθα] pr. ημεις 967 **11** λέγει 967] pr. ταδε B 410 Co; | κύριος B 967 147 26 410 544 La^{CS} Co ...] pr. αδωναι rel. = 𝔐 | om. τό B 967 Q | ὑμῶν B 967 106' La^{S} Co ...] + των πονηρων A''-403' ... = 𝔐; + (※ *O*) της πονηρας rel. **12** init. B 967 239' Co] pr. (※ *O*) και συ υιε ανθρωπου rel. = 𝔐↓ | ἐν ᾗ ἄν 1⁰] εαν 147; om ἐν 46; om. ἄν 967 | ἀσεβοῦς B 967 Q-88-Syh^{mg}-407 *cII*-239' La^{S} Co ...] ...; ανομου rel. | om. ἄν 2⁰ 967 | fin. B 967 Co] ...; + (※ *O*) εν — αυτου rel. = 𝔐↓ **13** εἰπεῖν] ειπαι B* 967 86*: cf. $_{8}$ | δικαίῳ B 967 Q-407 Co ...] + (※ 88) ζωη ζηση και rel. = 𝔐 | ἀναμνησθῶσιν] μνησθωσιν 967 A'' Q-62 *L' C'*-534-86-403' ...; **14** εἰπεῖν↓] ειπαι B* 967 86: cf. $_{8}$ | καὶ δικαιοσύνην] > 967; om. καί 62 **15** ἐνεχύρασμα] -ρασμον 967 *L* ...; ενεχυρον A''-410; | ἀποδῷ] -δοι B 967 88-407 233; | ἅρπαγμα 967] -ματα B | ἀποτ(ε)ίσῃ] ...; -σει 967 A Q *L* 87 alii; | προστάγμασι(ν)] -ματι 967 A'' *C*-239 ...; | διαπορεύηται] -ρευεται 967 *o* 106; **16** ἀναμνησθῶσιν] ...; μνησθωσιν 967 A'' 147 *C'*-86-403' ...; | ἐν αὐτοῖς 967] εν αυταις B *O*(Q*)-62'; **17** om. τοῦ 2⁰ 967 *O'* 46 *C''*-86-239'-403' 106' ... **18** ἀνομίας] -μιαν 967 A''-106' 490-*cII*-239' ... = 𝔐↓; | αὐταῖς] -τῃ 967 A''-106 130-239' ...↓ **19** τὸν ἁμαρτωλὸν] ανομον Syh^{mg} *L''*; om. τόν 967 | ἀνομίας] αμαρτιας 967 62 534 | αὐτός] ...; > 967 46 534 ... **20** αὐτοῦ B 967 *O'* La^{CS} Co ...] υμων rel. **21** ἐγενήθη] εγενετο 967 A''-403'-410 407 *L''* 233 ... | δωδεκάτῳ 1⁰] δεκατω 967 88-Syh^{txt} 449*↓; | δωδεκάτῳ 2⁰] δεκατω 967 Q^{txt}-88-62' V-449* 490 La^{CS} ... **22** ἐγεν. ἐπ' ἐμὲ / χεὶρ κυρίου B 967 A''-410 La^{CS}] ...; tr. rel. = 𝔐 | ἕως] ως B^{c} 967^{c} 88-*o* V-449 130-239' Bo; > 967* | ἀνοιχθέν μου τὸ στ. B 967 A''-106 147'] ...; ανοιχθεν το στ. μου rel. **23** ἐγενήθη B *O*-147'] εγενετο 967 rel. **25** εἶπον B 967 *O* 106 239'] ...; ειπε rel. **27** κύριος 967 La^{CS} Co] + κυριος B *O*; pr. αδωναι rel. = 𝔐 | Ζῶ B 967 La^{CS} Co ...] pr. (※ *O* 449 534) επι — $^{(26)}$εστητε — $^{(27)}$ουτως — κυριος rel. = 𝔐↓ | εἶ μήν B 967 A'' *O*(Q^{c}) 130-233 ...] ...; ει μη rel. | μαχαίρᾳ 967] -ραις B *O*$^{-Syh}$-62 La^{CS} Sa **28** om. τοῦ 967 A-410 46 **29** ἔρημον] pr. εις 967*: cf. 25_{13} **30** οἱ λαλοῦντες] λαλουσι 967; διαλαλουσι *L''*; | τοὺς τοίχους *L''* Tht.] τα τειχη 967 988 rel. | om. καί 3⁰ 988 La^{CS} | λαλοῦσιν B 967 988 Syh *L''* La^{CS} Co ...] ... ελαλουν rel. **31** καί 1⁰ 967 988] > B | κάθηνται] καθησονται 967; καθηται 407 V 410 ... | ἐναντίον σου] ενωπιον σου 967 988 *L''* Tht.; | σου 1⁰ B 967 988 La^{S} Co] ...; + (※ *O*) ο λαος μου rel. = 𝔐↓ | ποιήσουσιν] -σωσιν 967 A Q *L' C* alii **32** ποιήσουσιν] -σωσιν 967 *L'* alii **33** ἄν B *O lII* 534 26] εαν 967 rel. | ἦν] ...; ει 534 Aeth Arab; ει συ 967 147' La^{S} Co

34 **2** Ισραηλ 1⁰⌒2⁰ 988(vid.) | κύριος 967 26 La^{S} Sa ...] pr. αδωναι 62 *L''* Bo ... = 𝔐; ...; pr. κυριος rel. | μὴ βόσκ. οἱ ποιμ. ἑαυτούς] μη οι ποιμ. βοσκ. εαυτους A''-403' Arab; μη ποιμ. εαυτους βοσκ. 967 988(vid.); om. οἱ B = 𝔐; | οὐ — fin.] ου ποιμενες προβατα βοσκουσιν 967 988(vid.) **3** ἰδού] ινα τι 967 Ps Cypr. (*quare*); > Aeth ... = 𝔐 | κατεσθίετε] κατεσθετε B; ...; εξεπιετε 967 Co Aeth PsCypr.; | περιβάλλεσθε] περιεβαλλεσθε *L*-403* Co ...; περιεβαλεσθε 967 | σφάζετε] εσφαζετε A'-106 62 *L''*$^{-V}$ Co ...; κατεφαγετε 967 988 | οὐ βόσκετε] ουκ εβοσκετε 967 A''-410 *L''* Co ...; **4** ἐπεστρέψατε 967] [..]εστρεψατε 988; απεστρ. B 130-233 ... | μόχθῳ 988] pr. εν 967 = 𝔐; **5** om. εἰς 967 Arm **6** τὰ πρόβατά / μου 967] tr. B

19 *ἐνέμοντο*] *ενεμετο* 967 988 *L''* 26 . . . ; | om. *ὑπό* 967 988 49* = 𝔐 **20** *κύριος* 967 988 La^SW Co . . .] pr. *αδωναι* 62′ *L''* . . . = 𝔐; . . . ; + *κυριος* rel. | *'Ιδοὺ ἐγώ* 967] pr. (※ *O*^-Q) *προς αυτους O*-62′ Aug. = 𝔐; pr. *προς υμας* 988; + *προς υμας L''*^-V Tht.; | *διακρίνω* 967 988] *ανακρινω O′ cII*-239′ 106′; . . . ; pr. *και L′*^-48-46-449 = 𝔐 **21** *ἐπεί* B 967 306 La^CW . . .] *επειδη L''* Tht.; *επι* 988 rel. | *τοῖς κέρασιν* 967] pr. *εν* 988 = 𝔐 **22** *σώσω* 967] *σωζω* 988 | *οὐ μὴ ὦσιν ἔτι*] *ου μηκετι ωσιν* 967 988 . . . ; | om. *καὶ κρινῶ* — fin. 967 988 **23** *ἕτερον* 967 988 A''-410 La^W . . .] . . . ; *ενα* rel. = 𝔐 | *ποιμανεῖ* 967] *ποιμαινει* B^c (*-μενει**) 988 | *τὸν δοῦλόν μου* 967] pr. *ο και* 988 **24** *Δαυιδ* 967] pr. *ο δουλος μου* 988 *L''* . . . = 𝔐; **26** *καὶ δώσω* 2° 967] om. *καί* 988 **27** *κύριος*] + *και* 967 988 | *τὸν ζυγόν* B 87^txt Bo . . .] *τον κλοιον* 967 988 La^W; . . . ; + *του κλοιου* rel. **28** *ἔσονται ἔτι* 967 988] *εσ. ουκετι* B^c *O*-62′ *L''*^-46 130-233; tr. A''-106′-239′-403′ 46 La^W . . . ; | *ἐν προνομῇ*] . . . ; om. *ἐν* 967 988 = 𝔐 **29** *οὐ μὴ ἐνέγκ. ἔτι* / *ὀν. ἐθνῶν* 967 988] tr. A''-106′ *C′*^-87-403′;

37 4 *Προφήτευσον* B 967 A *o* V-449 Bo . . .] . . . ; pr. (sub ÷ Q) *υιε ανθρωπου* rel. | *ξηρά*] + *ταυτα* 967 *L''*^-449 . . . **5** *κύριος* B 87^txt-233 . . .] pr. *αδωναι* 62′ *L''* Bo . . . = 𝔐; . . . ; + *ο θεος* 967 Hi.; + *κυριος* rel. | *φέρω*] *επαγω* 967; *εισαγω* Syh^mg *L′*-46-449 . . . ; | *εἰς*] *εφ* 967 Syh^txt-407 46 *C''*-239′ . . . **6** *εἰς ὑμᾶς* B *O*-147 *L' cII*] . . . ; *εφ υμας* 967 rel. **7** *καθὼς ἐνετείλ. μοι* B Q-*o* 130-233-239′ 106′ Bo . . .] . . . ; + *κυριος* 967 rel. | *ἐν τῷ ἐμὲ προφητ.* B 967 . . .] . . . ; pr. (※ *O*) *φωνη* rel. = 𝔐 | *ἐμέ* B A′-403′-410 *O*-62′ V] *με* 967 rel. | *ἑκάτερον*] *εκαστον* 967 233; **8** *δέρμα*] *-ματα* B 967 **9** *κύριος* B . . .] pr. *αδωναι* 62′ *L''* Bo . . . = 𝔐; . . . ; + *ο θεος* 967 Hi.; + *κυριος* rel. | *πνευμάτων*] . . . ; pr. *σου* 967 Bo | *εἰς*] *επι* 967 Hi. PsVig. (*super*) **10** *καθότι*] *καθως* 967 A'' 407 449 | *ἐνετείλατό μοι*] tr. 967; + *κυριος* 967 Arm Ir.^lat Aug. | *τὸ πνεῦμα*] . . . ; om. *τό* 967 407 239′ **11** *γέγονε τὰ ὀστᾶ* / *ἡμῶν*] tr. 967 **12** *εἶπον* B 967 . . .] + (※ *O*) *προς αυτους* rel. = 𝔐↓ | *κύριος* B 967 . . .] pr. *αδωναι* A''-403′-410 62′ *L''* Bo . . . = 𝔐; . . . ; + *κυριος* rel. | *ὑμῶν* / *τὰ μνήμ.* B 967 A''-106′ . . .] . . . ; tr. rel.; **13** *με* 2° B 967 . . .] + (※*O*^-Syh) *υμας* rel. = 𝔐 | *τάφων* B 967 Bo . . .] + (※ *O*^-Q) *υμων* rel. = 𝔐 **14** *πνεῦμα* 967] pr. *το* B* 88-62′ *lII* 534 . . . | *θήσομαι ὑμᾶς*] *θησω υμας* 967 410 Tht.; | *ἐγώ*] + *ειμι* 967 *o* 46 233 verss. . . . | *λελάληκα* B 967 A'' 407 . . .] *ελαλησα* rel. | *κύριος* 2° B 967 26 544 . . .] pr. *αδωναι* 62′ *L''* Bo . . . = 𝔐; . . . ; + *κυριος* rel. **16** *ἐπ'* 2° B *O′*(Q^txt) 46] *προς* 967 rel. **17** *σεαυτῷ*] *σαυτω* B 967 Q^c-88 130-239′; **18** *σου* B *C''* . . .] > 967; + (※ *O*) *λεγοντες* rel. = 𝔐 | *'Ουκ ἀναγγελεῖς* 534-239′] *ουκ αναγγελλεις* B Hi.; . . . ; *ουκ απαγγελεις* 967 rel. **19** *κύριος* B 967 407] pr. *αδωναι* A''-403′-410 62′ *L''* Bo . . . = 𝔐; . . . ; + *κυριος* rel. | *τὰς προσκειμένας*] . . . ; *τους προσκειμενους* 967: cf. 16 | *ἔσονται*] + *μοι* 967: cf. 𝔐; *faciam ea* Bo | *ἐν* 967] > B **20** *ἐφ' αἷς* 967] *εφ ας* B 403*; **21** *κύριος* 967 La^W . . .] pr. *αδωναι* 62′ *L''* Co = 𝔐; . . . ; + *κυριος* rel. | *πάντων*] ÷ 88; > 967 Co = 𝔐 **22** *ἐν* *O*^-Q-147 *lII*(449^c) 233-239′ Co . . .] > 967 rel. | *αὐτῶν* . . .] *αυτοις* 967: cf. 𝔐; pr. (※ Q) *παντων* A''-106-403′ Q-*o* *L''* Co . . . = 𝔐; + (※ *O*) *εις βασιλεα O′ L''* . . . = 𝔐 **23** *αὐτῶν* 1° B 967 La^W . . .] + (※ *O*) *και* — *αυτων* rel. = 𝔐↓ | *ἡμάρτοσαν* B A''-106-403′ Q-*o*] *ηνομησαν* 967; . . . ; *-τον* rel. | *καθαριῶ*] *-ρισω* 967 | *κύριος* B A′ La^W . . .] > 967 rel. = 𝔐 **24** *ἐν μέσῳ* / *αὐτῶν*] tr. 967 | *καὶ ποιμὴν εἷς ἔσται πάντων*] *εσται ποιμην εις παντων* B 967 . . . ; | *φυλάξονται*] *-ξουσι(ν)* (vel *-ξωσι*) 967 *cII*-239′ 106′ . . . **25** *ἐγὼ δέδωκα*] . . . ; *εδωκα εγω* Q *lII*; *εδωκα* 967 *L′* 106 . . . ; om. *ἐγώ C′* La^W Co Hi.; | *αὐτοί* B 967 La^W . . .] + (※ *O*^-Syh) *και* — *αιωνος* rel. = 𝔐↓ | *αὐτῶν* ult. 967] > B | *ἔσται*] ÷ *O*; > B 967 62 La^W . . . = 𝔐 **26** *μετ'* *αὐτῶν*] *αυτοις* 967 Bo; + *εις τον αιωνα* 967: ex sq. **27** *ἐν αὐτοῖς*] *επ αυτοις* 106 = 𝔐; *μετ αυτοις* 239; *εν μεσω αυτων* 967 | *αὐτοῖς* 2^{0}] *αυτων* 967 *L''* | *ἔσονταί μοι* 967 Tyc. = 𝔐] *εσ. μου* *O*$^{-Syh}$-147 *L'*$^{-36\ 46}$ ...; *μου εσ.* B

40 1 *Καὶ ἐγένετο*] *και εγενηθη* 967; ÷ 88 | om. *ἡμῶν* 967 | *ἁλῶναι*] *αλωσαι* 967; *αλωθηναι* A' 147 *lI*-449; | *ἐγένετο* 2^{0}] pr. *και* 967; **2** *τοῦ* 967] > B Q-62' 449 | *ὄρους ὑψηλοῦ* 967] *ορος υψηλον* B *L''*$^{-449}$ 239' | *αὐτοῦ* 967] *αυτω* B; **3** *ἀνήρ*] pr. *εκει* 967; + *ibi* La^{W} | *ὡσεί* B 967 A' *O* V-46 130] *ως* rel. | *οἰκοδόμων*] -*μου* 967 | *μέτρον* *L''* La^{W} ...] -*ρον* 967 rel.; **4** *Ἑόρακας*] ...; pr. *ον* B^{c}; + *συ* 967 A' Arab | *ἐν τοῖς ὀφθ. σου* / *ἴδε* B 106' La^{S}] om. *ἴδε* La^{W}; tr. 967 rel. = 𝔐; om. *ἐν* 967 *O* *L''*$^{-449}$ 534 La^{SW} ...; | *ἐν τοῖς ὠσί σου* / *ἄκουε*] ...; om. *ἐν* 967 534 La^{SW} ... | *εἰς τὴν καρδίαν*] *εν τη καρδια* 967 87-403' 544; | *πάντα, ὅσα* / *σύ*] tr. 967 Arab | *Ισρ.* 967] pr. *του* B 88-62' V 130-198 410 **5** *πήχει*] ...; + *ανδρος* 967 Q La^{S} | *καλάμῳ* 1^{0}⌒2^{0} 967 490 544 La^{SW} **6** *τὸ θεε ἔξ ἔνθεν καὶ ἔξ ἔνθεν καί* 967] ÷ Q Hi.; > B = 𝔐 | *ἔξ* 1^{0} — *πύλης* / *ἴσον τῷ καλάμῳ*] tr. 967; om. *ἔξ* 1^{0} — *πύλης* La^{W} | *ἔξ ἔνθεν καὶ ἔξ ἔνθεν καί*] *εξ εξ* 967 *O*-62' *L''* *C''*-393-403' ...; | *αιλαμ*] *δια* 967 | *πύλης*] *αυλης* 967 26 **7** om. *ἴσον τῷ καλάμῳ* 2^{0} 967 | om. *τό* 4^{0} 967 | *θαιηλαθα* B] ...; *θαιε* (vel *θεε*) *αιλαμ* 967 *L'*-V; | *τὸ πλάτος* 2^{0} — *τὸ μῆκος* 2^{0}] *μηκος και πλατος* 967 **8** *τὸ πλάτος καὶ ἴσον τῷ καλ. τὸ μῆκος* B 88-*o* *L''*$^{-46}$ Hi.] om. *τὸ πλ. καὶ ἴσον τῷ καλ. τό* 967 Q La^{S}; *τὸ πλάτος* et *τὸ μῆκος* tr. rel.: cf. 7; **9** *πύλης* 1^{0}] + *εσωθεν ισον τω καλαμω και διεμετρησε(ν) το αιλαμ της πυλης* 967 A''-106'-239' La^{S} ...; | *πηχῶν ὀκτώ*] *πηχεις η̄* 967; | *αιλευ*] *αιλαμ* 967 407 *L'* 534 410 544 La^{S} ...; | *τό* ult.] *τα* B 967 *O* 51^{c}-*lII*(V*) *cII*-198-239' 106 | om. *τῆς πύλης* 2^{0} 967: cf. 43$_{4}$ 46$_{9}$ **10** *τὰ θεε*] *το θεε* 967 A''; | *θεε* 2^{0} B 967 A'' 407] *οδον* 62' = 𝔐; ...; pr. *του* rel. | *καὶ μέτρον* 1^{0} — *τρισί*] > La^{S}; om. *καί* 967 88 = 𝔐 | *καὶ μέτρον ἐν τοῖς* 2^{0} 967] > *cII*; om. *καί* B *O*$^{-Syh}$-407 239' ... **11** *πηχῶν* 1^{0}⌒2^{0} 967 La^{S} **12** *ἐπί* B Q-62' *L''*$^{-46}$] ...; *κατα* 967 rel. | *τῶν θε(ε)ϊμ*] ...; *του θεε* 967; *τω θεε* A'' 407; | *θεϊμ* B 967 La^{SW}] + (※ *O*) *πηχεος* — *οριον* rel. = 𝔐↓ **13** *τοίχου* B 967 26] ...; *δωματος* *L'*-V = 𝔐; *τειχους* rel. | *αὕτη πύλη*] *ταυτα πυλην* 967; **14** *καί* 1^{0} 967] > B^{c} | *ἑξήκοντα*] *εξωθεν* B 967 A''-106-198 La^{W} ...; **16** *θυρίδες κρυπταί*] *θυριδας κρυπτας* 967 *cII*-239' 106 | *τά* 1^{0}] *το* B 967(vid.) 198; | *αιλαμ* 2^{0}] *αλειμ* 967; | *θυρίδες* 2^{0} 967] -*δας* B 88 *cII*-198-239' 106'; | *τό*] ...; *τα* 967 62' V | *αιλαμ* 3^{0}] *αιλειμ* 967 La^{W}(*aelim*); **17** *ἐξωτέραν* Katz] *εσωτ.* omnes (967) | *κύκλῳ* / *τῆς αὐλῆς*] tr. B 967 *O*$^{-Syh}$-62' *L'*-449 *cII*-239' 927 Hi. = 𝔐; **18** *πυλῶν* 1^{0}] ...; 1^{0}⌒2^{0} 967 62 **19** *ἔσωθεν*] *εξωθεν* 967 | om. *ἔξω* 967 Arm | *πήχ. ἑκατόν*] tr. 62' = 𝔐; tr. post *ἀνατολάς* 967; | *τῆς βλεπούσης* 2^{0}] ÷ 88; > 967 La^{W} Arm = 𝔐 | *κατά* 967] *κατ* B A' *O* alii | *ἤγαγεν* B 967] *εισηγαγε(ν)* rel. | *βορρᾶν*] *βορρα* 967 91-239 106 **20** *τό* 1^{0} 967] + *τε* B A''-106-239'-403' *o* 449 927; **21** *καὶ τά* 1^{0} *L*$^{-36}$] ...; *και το* 967 (*τǫ*) rel. | *αιλαμμω* Syh] ...; *αιλαμμων* 967 rel. | om. *τό* 1^{0} 967 407 | om. *καί* ult. 967 **22** *αιλαμμω* 1^{0} Syh] *αιλαμευ* 967; ...; *αιλαμμων* rel. | *κατά*] *κατ* A *O* alii; *προς* 967 *L'* | *αὐτήν* 967] -*τον* B | *αιλαμμω* 2^{0} 967 *O*$^{-Q}$] ...; *αιλαμμων* rel.; **23** *βλέπουσα*] -*σαν* 967 407 | om. *τοῦ* 967 | *κατά*] *κατ* 967 A *O* *L* alii | *πήχεις ἑκατόν*] *πηχων ρ̄* 967; **24** *βλέπουσα*] pr. *η* 967 | *πρός*] *κατα* 967 | *αιλαμμω* Syh 927(?)] ...; *ελαμμων* 967 449; *αιλαμμων* rel. **25** *θυρίδες* 1^{0} 967 407 *L'*$^{-22\ 36}$-V 410] pr. *αι* rel. | *αὐτῇ* Zi.] -*της* codd. (967) et verss. | *τῷ* 967] *τοις* *L'*-V; *τα* rel. | *αιλαμμω* Syh Aeth] *αιλαμ(μ)ωθ* 967 A'-106' Q-147 46 *C'*-534-198-239'-403' La^{W}...; ...; *αιλαμμων* rel.; **26** *αὐτῇ* 1^{0}] -*της* 967 *O*-62 *L''*$^{-46}$ 410(vid.) 544... | *αιλαμμω* *O*$^{-Q}$-407 233 ...] *αιλαμ(μ)ωθ* 967 147 46 *C'*-198-239'-403' 26' 410; ...; *αιλαμμων* rel.; | *φοίνικες*] pr. *οι* 967 *L* | *αὐτῇ* 2^{0}] -*της* 967 A'-239'-

403′-410(vid.) O^{-Q}-62' L′ . . .; | εἰς ἔνθεν 1⁰] εσωθεν 967 **27** πύλης 1⁰] pr. της 967* A″-410 22*-V-449 C′-403′; | πήχεις] πηχων 967 | τὸ εὖρος] ÷ 88; > La^W = 𝔐; om. τό 967; **28** τῆς πύλης τῆς] pr. δια L''^{-46} = 𝔐; τη πυλη τη 967 | ταῦτα] τα αυτα 967 A-410 . . .; **29** αιλαμμω 1⁰ 967 Syh-407] . . .; αιλαμμων rel. | ταῦτα] τα αυτα 967 A' 130-233ᶜ | θυρίδες] pr. αι 967 407 46 C″-403′ 106 | αιλαμμω 2⁰ O^{-Q}-407] αιλαμμωθ 967 A″ Q-147 46 C′-239′-403′ . . .; . . .; αιλαμμων rel. | πήχεις 1⁰] -χων 967 | εὖρος B O-147′ 46 C' . . .] + αυτης 967 rel. | πήχεις 2⁰] -χων 967 L'^{-36}-V | fin. B 967 198 La^W . . .] + (※ O) ⁽³⁰⁾και — πεντε πηχ(ε)ων rel. = 𝔐↓ **31** καί 1⁰] του B 967 La^W; | αιλαμμω O^{-Q}-407 . . .] . . .; αιλαμ B 967 La^W; αιλαμμων rel.; | αιλευ] . . .; αιλαμ 967 410; **32** ταῦτα] τα αυτα 967 46 C; **33** om. καί 3⁰ 967 | αιλαμμω 1⁰ O^{-Q}-407 . . .] αιλαμμωθ 967 A' Q-147 46 C′-239′-403′ . . .; . . .; αιλαμμων rel.; 1⁰⌒2⁰ 967 | πήχεις πεντήκ.] . . .; πηχων (-χεων 130′) πεντηκ. 967 130′ | αὐτῆς] -των 967 | εὖρος B O-62 cII La^W . . .] το ευρος αυτης A″-410 L''^{-46} 87ᶜ; + αυτων 967; + αυτης rel. | πήχεις 2⁰] -χων 967 **34** αιλαμμω O^{-Q}-407] αιλαμ(μ)ωθ 967 A″-106′ Q-147 46 C′-198-239′-403′ La^W . . .; . . .; αιλαμμων rel.; | ἐξωτέραν 967 147] εσωτ. rel. | τοῦ] τω 967 198; **35** εἰς] επι 967; | ταῦτα] τα αυτα 967 Q 106 403′; **36** αιλαμμω 1⁰ O^{-Q}-407 198] . . .; αιλαμ 967; αιλαμμων rel. | αὐτῇ] -της 967 A″-106′-403′ O^{-Syh} L′ . . . | αιλαμμω 2⁰ B* O^{-Q} . . .] . . .; ελαμμα 967; αιλαμμων rel. | πήχεις 1⁰ 2⁰] -χων 967 | αὐτῆς / καὶ εὖρος] tr. 967 **37** τά] το 967 544; | αιλαμμω B* O^{-Q} . . .] . . .; ελαμμαν 967; αιλαμμων rel.; **38** init. B A″ 147′ La^W . . .] pr. και 967 rel. = 𝔐 | αιλαμμω O^{-Q}-407 198 . . .] . . .; αιλαμ 967; αιλαμμων rel. | τῆς δευτ. ἐκρ. B 967 La^W . . .] pr. ※ εκει — ⁽³⁹⁾πυλης O = 𝔐↓; + εκει — ⁽³⁹⁾πυλης rel. **39** ὅπως B 967 La^W . . .] pr. (※ O) δυο — ενθεν rel. = 𝔐 | σφάζωσιν] σφαξωσιν 967 62′ 46 C^{-87}-130′-239 | αὐτῇ B 967 La^W . . .] + (※ O) την ολοκαυτωσιν και rel. = 𝔐↓ | τά 2⁰ 967] > B O^{-Syh}-62′ cII **40** βορρᾶν] βορρα 967 407 | καί 2⁰ 147′ L'^{-46} 130′-403′ . . .] > 967 rel. | τοῦ 2⁰] το 967 | κατὰ ἀνατ.] κατ ανατ. 967 A O′ cI' alii; . . .; + της πυλης 967: ex praec. **41** τέσσαρες 1⁰ B 967 A″-410 147′ 490 La^W . . .] + τραπεζαι rel. = 𝔐 | τέσσαρες 2⁰ B 967 A″-239 407 La^W . . .] + τραπεζαι rel. = 𝔐 | αὐτάς 967] -τα B A'-106 O-147′ V-46; | σφάξουσι(ν)] σφαζουσι(ν) 967 Q lI cI alii; | κατέναντι] ÷ O^{-Q}; . . .; pr. και 967 26 **42** om. καί 1⁰ 967 | πήχεος (-χεων 967) καὶ ἡμ. τὸ πλ. καὶ (> La^W) πηχ. δύο καὶ (> B) ἡμ. τὸ μῆκος B 967 A″-403′ La^W . . .] το μηκος — ημισους rel. = 𝔐 | ἐπὶ πῆχυν] πηχεως 967 Arm | αὐτάς 967] -τα B O′ 233; | ἐπιθήσουσι] θησουσι 967 | σφάξουσιν Syh-62 46 91-130′ 26] σφαζουσιν 967 rel. | ἐκεῖ / τὰ ὁλοκαυτώματα] tr. 967: cf. 𝔐; + εν αυτοις 62 = 𝔐; om. ἐκεῖ La^W Aeth Arab **43** γεῖσος] κυματιον 967; > 147 130 | καλύπτεσθαι] κατακαλ. 967 26 **44** om. βλεπούσης 1⁰ 967 = 𝔐↓ | πρός 2⁰] κατα 967 | βλεπούσης 2⁰] pr. της 967 | om. δέ 967 147 410 **45** νότον] pr. τον 967 | τὴν φυλακήν] τας φυλακας 967 **46** οἱ υἱοί] + οι V; om. οἱ 967 88 L′ 233 410 | Σαδδουκ] . . .; σακδον 967; | λειτουργεῖν] pr. του 967 **47** πηχῶν 2⁰ 967] -χεις B Q 233-534 **48** τό 2⁰] τα V; pr. αυτο 967 | αιλ τοῦ αιλαμ B Aeth] . . .; om. αιλ τοῦ 967 rel. | πέντε 1⁰] ε̅ 967 | τὸ πλάτος] . . .; ÷ O; om. τό 967; | πέντε 2⁰] θ̅ 967 | τὸ εὖρος B 967 A″] om. τό rel. **49** om. τό 2⁰ 967 | ἔνθεν 1⁰] εντευθεν 967 544 | ἔνθεν 2⁰] εντευθεν B 967 o 544

41 **1** εἰσήγαγέ με] εισηλθεν 967 | ᾧ] και 967 A′ L″ La^W . . . = 𝔐 **3** αιλ B O^{-Q}-62 46 49-90-198 . . .] . . .; αιλαμ 967 rel. **4** θυρῶν] θυρωματων A 233 Arab; πυλων 967 | εὖρος] pr. το 967 22-46 C′-130′-198 106′ | εἶπε(ν) B 967 46 C″-198 106′ La^W] + (※ O) προσ με rel. = 𝔐 **6** καὶ τὰ πλ. 967] . . .; om. τά B 62' 198 | τριάκ. — καί 3⁰] λ̅ και γ̅ 967; τρια 62; om. καί 2⁰

B 544 La^{W}(vid.); om. *δίς* 106 239′ **7** om. *τό* 2^{0} 967 | *ἐκ τοῦ τοίχου*] . . .; om. *ἐκ* 967* La^{W} | *μέσων* 967] *γεισων* B; **8** *τό*] *του* A’-410; *τα* 967 233 | *θραελ*] . . .; *θραιαλ* 967 | *διάστημα* 2^{0} 967] *-ματα* B 62’; **9** *ἀπόλοιπα*] . . .; *λοιπα* 967; + *τα* B 967 **11** *μία*] + *η* 967 **12** *διορίζον* 967] . . .; *αιθριζον* B; | *ὡς*] *το* 967 147′ La^{W}(*quod*) | *διορίζοντος*] + *και* 967 147 | *εὖρος*] pr. *το* 967 **13** *οἴκου*] *τοιχου* 967 **15** *ἀπόλοιπα*] . . .; + *τα* 967 | *τὸ μῆκος*] ÷ *O*; om. *τό* 967 198 | *ἐξώτερον*] *εσωτερον* 967 **16** *αἱ* 1^{0} 967] > B* 26 | *ὑποφαύσεις*] . . .; + *τοις* 967 | *καὶ ἐκ τοῦ ἐδ.*] *και το του εδ.* 967; ÷ *O*; . . .; om. *ἐκ* 544 La^{W} **17** om. *ἕως* 2^{0} 967 26 Hi. **18** *χερουβειν* B 967 A Q V La^{W}] *χερουβ* *L′* 239 . . .; *χερουβ(ε)ιμ* rel. | *φοίνικες* (vel *-νεικες*) B 967 88 *L″*$^{-46}$ La^{W} . . .] + (※ Q) *και φοινιξ* rel. = 𝔐↓ | *μέσον* 967] > B^{txt} | *καί* 2^{0} 967] + *ανα μεσον* B; **19** *καὶ ἔνθεν* 1^{0}] > 967 *L″*$^{-36\ 46}$ 410 . . . = 𝔐; | *καὶ ἔνθεν* 2^{0}] . . .; > 967 V-449 544 . . . = 𝔐 | *διαγεγλ. ὅλος ὁ οἶκος*] . . .; om. *ὅλος* B; om. *ὁ* 967 407 **20** om. *τά* 967 | *χερουβειν* B A 22*-96*-V 49 La^{W}] *χερουβ* 967; *χερουβ(ε)ιμ* rel.; | *διαγεγλυμμένοι*] *διαγεγραμμενοι* 967: cf. 42_{3} Sir. 38_{27} **21** init. — *ὅρασις*] *και τα αγια και η ορασις* 967 **22** *οἱ τοῖχοι*] . . .; *οι τροχοι* 967 *C*-239′ La^{W}(*rotae*) | *πρὸ προσ. κυρίου* 967] . . .; om. *κυρίου* B* **23** init. — fin. 967] *και δυο θυρωματα τω αγιω* B; **25** *ἐπὶ τά*] *επτα* 967 | *χερουβειν* B 967 A 22*?-96-763-V 49 La^{W}] . . .; *-β(ε)ιμ* rel.; | *σπουδαῖα ξύλα*] *καλα τα ξυλα* 967

42 **1** *ἐξήγαγε(ν)* Q *L′* . . .] . . .; *εισηγαγε(ν)* 967 rel. | *αὐλήν*] *αυτην* 967* | *ἐξωτέραν* 967] *εσωτεραν* B *O*$^{-Q}$ La^{W} **2** *ἐπὶ πήχεις* B La^{W} . . .] *πηχων* 967; pr. (※ *O*) *κατα προσωπον* rel. = 𝔐 | *πλάτος*] *ευρος* 967 | *πεντήκ. πηχ.*] tr. 967 407 239 403′; . . .; om. *πηχ.* B *cII* La^{W} **3** *ἐξωτέρας*] *εσωτερας* 967 91 | *ἐστιχισμέναι*] . . .; *κατα στιχον* 967 Hi. (*per ordinem*) **4** *ἐπὶ πήχ. ἑκ. τὸ μῆκος*] . . .; om. *τό* 967 *L″*$^{-46}$ *C*; | *καί* 2^{0} B 967 A″-410 La^{W} . . .] pr. (※ *O*) *οδον πηχεος ενος* rel. = 𝔐↓ **5** *ἐξείχετο* B *O* *lII* 233-306] . . .; *εξειχε(ν)* 967 rel. | *περιστύλου*] . . .; pr. *του* 967 106; | *περίστ. καὶ διάστ.*] > 62′ Hi.; om. *καί* 967 130 | *καὶ οὕτως στοαί*] ÷ *O*; om. *καὶ οὕτως* 967; om. *καί* 407 Arab; om. *οὕτως* La^{W} Arm Hi. | *στοαί* 967] . . .; + *δυο* B **6** *διότι*] *οτι* 967 | *ἐξωτέρων*] *εξεδρων* 967 A″-106′ V-46 *C″*-198-239′-403′ . . . **7** *ἐξωτέρας*] *εξωθεν* 967 **8** *πηχῶν* 1^{0} B* 967 V 26′ La^{W}] pr. *ην* rel. | *ἀντιπρόσωποι* A-306 88-Syh-407 *L′*] pr. *αι* 967 rel. **10** *τὸ φῶς τοῦ*] *φως τουτο* 967 | *περιπάτου*] pr. *του* 967 A″-106 *O′* *cII*-198-306 | *τά*] *κατα* 967; > *C* Hi. | om. *τοῦ νότου κατὰ πρόσωπον* 967 62’ 534 | *καί* 2^{0} — *διορίζ.*] ÷ *O*; om. *καί* 967 534; om. *τοῦ* 967 | *ἐξέδραι* Ra.] pr. *και* 967 Q-407 *L′* 87-91-130′ Hi.; pr. *και αι* rel. **11** *πρόσωπον*] *-πα* 967 | *τῶν* 1^{0} 967] > B Q-407 | om. *καί* 4^{0} 967 | om. *πάσας* 2^{0} 967 Arm = 𝔐 **12** om. *καί* 1^{0} 967: ante *κατά* | *ἀπ’*] pr. *τα* 967^{c} *O*$^{-Q}$ 36-46 *cI* La^{W} | om. *καί* 2^{0} 967 La^{W} = 𝔐 **13** om. *αἱ* 5^{0} B 967 | om. *αὗται* 967 | *τοῦ ἁγίου*] + *των αγιων* 967 | *φάγονται*] *στανονται* 967 | *οἱ υἱοὶ Σαδδουκ* 967] ÷ *O*; om. *οἱ* B 130-233 106* | *περί* 2^{0} B 967 A″-106′ V 233] *υπερ* rel. | *ἀγνοίας*] + *και* 967 | om. *ὁ* 967 88-407 490 . . . **14** *εἰσελεύσονται*] *-σεται* 967 A . . . | *τοῦ ἁγίου*] *των αγιων* 967 **15** *καθ’ ὁδόν*] *κατα την οδον* 967 | *πρός*] *κατα* B^{mg} 967 A-106 62′ *L′*-449 490 | *τὸ ὑπόδειγμα / τοῦ οἴκου*] tr. 967 **16** *καὶ διεμέτρησε*] . . .; + *το υποδειγμα* 239; + *του οικου το υποδειγμα κυκλοθεν εν διαταξει* 967: ex 15 **17** om. tot. v. 967 410 La^{W} Arab **18** om. *τό* 967 | *τῆς θαλάσσης* 967] . . .; om. *τῆς* B *O′* *cII*; | *πεντακοσ.*] . . .; pr. *πηχεις* 87 La^{W}; pr. *πηχων* 967 **19** *κατέναντι*] *το κατα προσωπον* 967 A′ 87-198; | *νότου* 967] *ναου* B^{mg} **20** om. *τά* 967 87-534 106 | *τοῦ αὐτοῦ καλάμου*] *αυτου* 967: cf. 𝔐; | *αὐτόν*] . . .; > 967 | om. *καί* 2^{0} 967 = 𝔐

43 2 τῆς πύλης τῆς βλεπ.] την B 967 O′$^{-Syh}$ L″ . . . = 𝔐 | ἀπὸ τῆς δόξης] εν τη δοξη 967 3 ἣν εἶδον 1°⌒2° 967 62′ 46 C′-233 410 . . . | πίπτω] επεσον 967; επεσα Compl. = 𝔐 4 om. τῆς πύλης 967 22^{txt}: cf. 40₉ | κατά 2°] κατ 967 A' Q-o L alii 7 Ἑόρακας, / υἱὲ ἀνθ. B 967 A″ Q lI . . .] . . .; tr. rel. | τὸν τόπον 1° 967] om. τόν B^{*vid} | οἴκου] pr. του 967 A″-106′ C″-239′-403 | τὸν αἰῶνα] pr. εις 967 A″-106′ Syh-88 46 C″-198-239′-403′ . . . | οὐκέτι] ετι 967 46 87^{txt} | τὸ ἅγιόν / μου] tr. 967 A″-106′ L″ 130-198-239′-403 . . .; | ἡγουμένων] . . .; + αυτων 967 L′-449 130-613 Tht. = 𝔐 8 τὸν τοῖχον] τ. οικον L′; om. τόν 967 | om. μου 3° 967 46 Arm = 𝔐 | ὡς συνεχόμενον ἐμοῦ] συνεγγυς μου 967 | τὸ ὄν. τὸ ἅγ. / μου] tr. 967 V 9 τὸν αἰῶνα] pr. εις 967 A″-106′ 88-Syh L″ 87-cI-306-403′ verss. 11 περί] απο 967 | οἶκον B 967] + (※ O) και — αυτου rel. = 𝔐↓ | ἐξόδους] . . .; διεξοδους 967 538 | αὐτοῦ 1° B 967 C″$^{-130}$-613] + (※ O) και — αυτου rel. = 𝔐↓ | νόμιμα] -ματα 88 538; κριματα 967: cf. 44₅ | γνωριεῖς] -ρισεις 967 88-407 46 534 26 410; | ἐναντίον] ενωπιον 967 198 12 πάντα] pr. και 967 L″ 490 . . . | fin. B 967] + (※ O) εισιν — οικου rel. = 𝔐↓ 13 κόλπωμα] . . .; pr. το 967 A′-410; | βάθος 967] -θους B; | τὸ χεῖλος B O′ L″$^{-46}$] . . .; του χειλους 967 rel. | om. τοῦτο 967 490-613 14 τό 3° 967] τουτο B O-407 L″$^{-46}$; | πῆχυς] . . .; + εις 967 15 πῆχυς] + εις 967 16 δώδεκα 1°] . . .; δυο 967 | μήκους] -κος 967 Syh 106; . . .; + μηκος 967 | δώδεκα 2°] . . .; δεκα 967 | πλάτους] -τος O 534 106; πηχεων 967; > B o 17 τό 1°] pr. επι 967 | αὐτῷ 1°] -των A″-106 407 . . .; -του 967 Syh L″$^{-46}$ C′-233-403′ . . . | κυκλόθεν / κυκλούμ. αὐτῷ] tr. 967 | πῆχυς] -χεος 967 (-χεως) 490 106 | κατά 967] κατ B A' Q alii; **18** κύριος ὁ θεὸς Ἰσρ.] κυριος κυριος O Arm; αδωναι κυριος L′-V = 𝔐; . . .; om. ὁ θεὸς Ἰσρ. 967; om. Ἰσρ. Aeth Hi. = 𝔐 | ἡμέρᾳ ποιήσεως] τη ημερα της ποιησ. 967 | om. τοῦ 2° 967 764 | προσχέειν] -χεεις 967 19 κύριος 967 613] pr. αδωναι 62′ L″ = 𝔐; + ο θεος B A″-106 407 cII-403 . . .; . . .; + κυριος rel. **20** κύκλῳ B 967 198 410] . . .; + (※ O) και — αυτο rel. = 𝔐 21 περί B L″$^{-46}$ 233-239′] υπερ 967 rel. 22 λήμψονται — ἀμώμους] λημψη εριφον εξ αιγων αμωμον 967: cf. 𝔐 | ὑπέρ] περι 967 198 239′ | ἁμαρτίας] -τιων 967* **23** προσοίσουσι] -οισεις 967 La^{C} = 𝔐; | προβάτων B 87$^{(mg)}$-91-cI 410] pr. των 967 rel. = 𝔐 24 ἐπιρρίψουσιν] . . .; επιθησουσιν 967 | αὐτά 1°] . . .; -το 967 cI | ἅλα B 967 Q L″$^{-46}$(36^{c})] . . .; αλας rel. | om. τῷ 967 C′$^{-91}$ **25** προβάτων B 967 L′-V] pr. των rel. = 𝔐 | ἄμωμα] . . .; -μον 967 Syh-407 26 239 . . . 26 πλήσουσι] πληρωσουσι(ν) 967 62 449^{txt}; | χεῖρας] . . .; pr. τας 967 A″-106′ 62 C-403 27 init. B 967 A″-198-410 La^{C} . . .] pr. (※ O) και — ημερας rel. = 𝔐 | ποιήσουσιν] pr. και 967 130 | τὸ θυσιαστήριον] του θυσιαστηριον 967 | κύριος B 967 A″-106′-403 La^{C} . . .] pr. αδωναι 62 L″$^{-46}$-613 = 𝔐; . . .; + κυριος rel.

44 1 κατά 2° 967] κατ B A' Q alii 2 κύριος / πρός με 967] tr. B O′ lI-46-449 C′$^{-534}$-306-613 La^{C} . . . = 𝔐; | οὐδείς] ουθεις 967 | μή] pr. ου 967 88-147′ L″ 87-49-764-233-534-239′-403′ 106 | εἰσελεύσεται] διελ. 967 L′; **3** διότι] οτι 967 | ἐναντίον] . . .; ενωπιον 967 C′$^{-90}$-198 106 | κατά 1°] pr. και 967 4 κατέναντι] -τιον 967; | δόξης] + (※ Q) κυριου 967 O L″$^{-46}$ (22*, 36^{c}) La^{C} . . . = 𝔐↓ | ὁ οἶκος / κυρίου] . . .; ο οικος του κυριου B 967 88 **5** σου 3° 967] > B 407 | λαλῶ μετὰ σοῦ] προς σε λαλω 967 | οἴκου 1°] pr. του 967 C-613 | νόμιμα] . . .; κριματα 967: cf. 43₁₁ | αὐτοῦ 1° 2°] -των 967 | om. σου 4° 967 | εἴσοδον] οδον 967 O-407 L″ 6 τὸν οἶκον 1°] ÷ O^{-Q}; > 967 = 𝔐 | κύριος 967 613] pr. αδωναι 62 = 𝔐; . . .; + ο θεος rel. **7** εἰσαγαγεῖν] pr. μη 967 | om. καὶ ἀπεριτμήτους σαρκί 967 lI | καὶ ἐβεβήλουν B O-147′ cII 106] . . .; του βεβ. 87-613 = 𝔐; και βεβηλουν 967 rel. | ἄρτους] . . .; + (※ O^{-Syh}) μου 967 A″-403-410 O-62 L″$^{-46}$ . . . = 𝔐 | στέαρ] σαρκας

B 147′ 449^{mg}; . . .; pr. *και* 967 410; | *παρεβαίνετε*] *παραβ*. 967 147′ 764-130
8 init. B 967 198] pr. (※ *O*) *και* — *μου* rel. = 𝔐↓ | *διετάξατε*] . . .; *διετασσετε*
967; | *τοῖς*] pr. *πασι* 967 9 *κύριος* 967 Clem. Hi.] pr. *αδωναι* *L*′′-613
= 𝔐; . . .; + *ο θεος* rel. | *μου*] . . .; > 967 Clem. | *ἐν πᾶσιν* — *ὄντων*]
απο (+ *παντων* 967) *των αλλογενων* 967 Clem. 10 *Ισρ*. B 967 198 . . .] . . .;
+ (※ *O*) *οι επλανηθησαν* rel. = 𝔐↓ | *κατόπισθεν*] *οπισω* 967 | *ἀδικίαν*]
pr. *την* 967 A′′-106′ 147′ . . . 11 *τῷ οἴκῳ*] . . .; *εν τω οικω μου* 967; pr. *εν*
87-613 106; + *κυριου* A′′-106′ Arab | *ἐναντίον*] *ενωπιον* 967 106 198 |
τοῦ λειτ.] . . .; *μου λειτ*. 967; om. *τοῦ* A-106 88-407 *L*′′ 12 *τὴν χεῖρά* / *μου*]
tr. 967 | *κύριος* 967] pr. *αδωναι* *L*′′-613 = 𝔐; . . .; + *ο θεος* rel. | fin.
B 967 198] + (※ *O*) *και* — *αυτων* rel. = 𝔐↓ 13 om. *μοι* 967 | *πρός* 2^{0}]
. . .; > 967 | *τὰ ἅγια* 1^{0}] pr. *παντα* 967 *O*-62 36 . . . = 𝔐; | *υἱῶν*] . . .;
αυτων 967; pr. *των* 62 *L*′′$^{-46}$; | *τοῦ Ισρ*. B 147 *C*′′] om. *τοῦ* 967 rel. | *πρὸς*
τὰ ἅγια 2^{0}] *προς παντα αγια* 967 Arm; | om. *μου* 967 407 *L*′′$^{-36}$ . . . = 𝔐 |
ἀτιμίαν] . . .; pr. *την* 967 A′′-410-613 147′ *L*′′ | *αὐτῶν*] *εαυτ*. 967 *L*′′$^{-46}$ *C*′ alii;
14 *καὶ κατατάξουσιν* 88-62] . . .; *και καταξουσιν* B Q^{txt}-Syh-147 233; *και ταξουσιν*
967 A′′-106′ *C*′-130′-198-239′-403′ . . .; | *αὐτούς*] *εαυτ*. 967 | *ποιήσωσιν*]
. . .; *ποιωσιν* 967 410; 15 *τοῦ Σαδδουκ* B A *o* 130-233] om. *τοῦ* 967 rel. |
οἵτινες] *οι* 967; | *ἐφυλάξαντο*] -*ξαν* 967 Q | om. *τάς* 967 | *οἶκον* B 62′ 46
cII] pr. *τον* 967 rel. | om. *μοι* 2^{0} 967 A-306*-410 . . . | *θυσίαν*] . . .; ÷ *O*;
> 967 = 𝔐 | *κύριος* 967] pr. *αδωναι* *L*′′ = 𝔐; . . .; + *ο θεος* rel. 17 *τὰς*
πύλας] pr. *εις* 967 = 𝔐; *εν ταις πυλαις* 534 Arm | *ἐσωτ. αὐλῆς*] *αυλης της*
εσωτ. *O*-62 *L*′′-613 26 Arab; . . .; *λειτουργιας αυτων της αυλης της εσωτ*. 967
18 *ταῖς κεφαλαῖς* B A-403] *των κεφαλων* 967; *τας κεφαλας* rel. | *τὰς ὀσφύας*
B 407 46 *cI*-130′] . . .; *της οσφυος* 967; *ταις οσφυσιν* rel. | *βιζα* Montf.] . . .;
βια 967 rel. 19 om. *καί* 1^{0} 967 | om. *αὐτοί* 967 Arm 20 *ξυρήσονται*]
. . .; *ξυρησουσιν* 967 407 544 | *καλύψουσι* 967] -*ψωσιν* B* A 407 534 22 *οὐ*]
+ *μη* 967 A′-410 46 *C*-198-239′-403′ | om. *σπέρματος* 967 106 | *Ισρ*. B
A′′-410 La^{C} . . .] . . .; pr. *οικου* 967 rel. = 𝔐 | *χήρα* / *ἐὰν γένηται*] tr. 967 |
ἐξ ἱερέως] *εξ ιε*[*ρ*]*εων* 967; pr. (※ *O*) *χηρα* *O* 36 = 𝔐; 23 *ἀκαθ. καὶ καθ*.]
καθ. και ακαθ. B 967 449 26 106′ 198 La^{C}; | *γνωριοῦσιν*] -*ρισουσιν* *O* 106;
pr. *και* 967 91 24 *ἐπὶ κρίσιν* B 967 A′′-106 La^{C} . . .] . . .; *περι κρισιν* rel. |
ἐπιστήσονται] *στη*[*σο*]*νται* 967 | *διακρίνειν*] *κρεινειν* 967 | *τὰ δικαιώματα*]
εν τοις προσταγμασιν 967: cf. 𝔐 | *τὰ κρίματα*] *εν τ*[*ο*]*ις κριμασιν* 967
25 *ἐπί* 3^{0} 967] > B* *O*$^{-Syh}$-62′ 48 *cII*-239′ 106 La^{C} . . . 26 om. *αὐτόν* 967
27 *εἰσπορεύωνται*] -*ρευηται* *O*$^{-88}$ *L*′′ . . .; -*ρευεται* 967 239; | *τῷ ἁγίῳ*] *τοις*
αγιοις 967; + *μου* 407 | *προσοίσουσιν ἱλ*.] *προσοισει ιλ*. 967 *O* . . . = 𝔐; |
κύριος 967] pr. *αδωναι* Syh^{mg} *L*′′-613 = 𝔐; + *ο θεος* rel. 28 *ἔσται*] . . .;
pr. *ουκ* 967 Arm^{p} = Vulg. | *εἰς κληρονομίαν*] *κληρονομια* 967 Arm = Vulg. |
ἐγώ 1^{0}] + *κυριος* 967 198 | *αὐτῶν* 1^{0} L′′ Tht. = 𝔐] -*τοις* 967 rel. | *αὐτοῖς* /
οὐ δοθήσ.] tr. 967 106′ Arm = 𝔐; | *ὅτι*] ÷ *O*; > 967 = 𝔐 29 *οὗτοι*]
αυτοι 967 233; 30 *ἀπαρχαί*] . . .; pr. *και* A′′-106-403 . . .; pr. *αι* 967 *L*′′$^{-46}$; |
ἀφαιρέματα] *αφορισματα* 967 | *πάντα*] -*των* 967 62′; | om. *τῶν* 967 |
ὑμῶν 3^{0}] . . .; > 967 *O*$^{-Q}$ *L*′′$^{-46}$ . . . = 𝔐 31 *τῶν* 1^{0} 2^{0}] *παντων* 967

45 1 *ἅγιον* 1^{0}⌒2^{0} 967 2 *ἁγίασμα*] -*ματα* B 130-233 26; . . .; pr. (※ *O*$^{-Q}$) *εις*
967 A′′-106′ *O*-62′ 534-198-403 La^{CW} . . . = 𝔐 | *πεντακόσιοι*] . . .; -*σια* 967 |
πεντακοσίους] -*σια* 967 | *αὐτῷ* B 967 Q-*o* *L*-46] . . .; -*των* rel. 3 *ἐκ*
ταύτης] *εξ αυτης* 967 | *διαμετρήσεις*] -*σις* 967 A′; | *χιλιάδας* 1^{0}⌒2^{0} 967
36^{txt}-231-*lI* 490-130^{txt} | om. *τὸ ἁγίασμα* B 967 La^{W} = Pesch.; | *ἅγια*
B *O*′ 26 403 544 La^{W}] > A 233 . . .; *το αγιον* 967 *L*′′$^{-46}$; *αγιον* rel. | om.
τῶν 967 4 *τῷ ἁγίῳ*] *τοις αγιοις* 967 | *ἀφωρισμένους*] -*νος* 967 *L*′′ 106 La^{W} . . .
5 *εἴκ. καὶ πέντε*] . . .; *κ̄ ε̄* 967; om. *καί* 490 | *ἔσται* 967 A-106 . . . = 𝔐

(Ketib)] . . .; *και* B $O^{-\mathrm{Syh}}$-147′ La^{W} . . .; *εσται και* rel. | *τῷ οἴκῳ*] *κυριω* 106; . . .; + *του θεου* 967 **6** *δώσεις*] . . .; *-σειτε* 147; *-σετε* 967 Hi. = 𝔐; | *ἔσονται*] *εσται* 967 *L″* . . . = 𝔐 **7** om. *καί* 3° 967 46 534 . . . | *μία*] *μιας* 967 | *καὶ τὸ μῆκος* 2°] > 967 = 𝔐; om. *καί* L''^{-46} **8** om. *τοῦ Ισραηλ* 967 = 𝔐 **9** *κύριος* 1° 967 C''^{-130}-198-239-613] pr. *αδωναι* 62 *L″* = 𝔐; . . .; + *θεος* B; + *ο θεος* rel. | *καί* 2° 967] > B 147′ 130′-239′ La^{W}... | *ποιήσατε*] *ποιειτε* 967 106′ | *καταδυναστείαν*] *τας καταδυναστειας* 967: cf. 𝔐 | *κύριος* 2° 967] pr. *αδωναι* Syh^{mg}-62 *L″* . . . = 𝔐; + *θεος* B; + *ο θεος* rel. **10** *ζυγὸς δίκαιος* B *ο* 51^{c}-449 *C* La^{W} . . .] *ζυγον δικαιον* 967 rel. | *ἔστω*] *εσται* 967 A-106 62′ *L′* . . .; **11** *τὸ μέτρον* 1° Arab] > 403; *του μετρου* 967 rel. | *ἔσται* 1°] *εστω* 967 26; | *ἡ* 2° A″-410 Arab] . . .; > 967 rel. | om. *καὶ τό* 967 | *τὸ μέτρον* 2°] . . .; > B 46 198 239′ La^{W}; om. *τό* 967 | *ἔσται* 2°] *εστω* 967 | *ἴσον* 967] pr. *το* B *O*-147; **12** *τὸ στάθμιον* Ra.] . . .; *τα σταθμια* 967 rel. | *οἱ πέντε* 967 A″-106 . . .] om. *οἱ* B La^{W}; *εικοσι* rel. = 𝔐 | om. *πέντε* 2° 967 | *οἱ δέκα* 967 A″-106 . . .] . . .; > B; *εικοσι* rel. = 𝔐↓ | om. *καί* 3° 967 | *πεντήκοντα* B 967 A′ La^{W} . . .] *πεντε* rel. = 𝔐 **13** *μέτρον* . . . *γομορ*] tr. 967 | *τοῦ πυροῦ*] *των πυρων* 967 Syh = 𝔐 | *τὸ ἕκτον*] . . .; + *αυτου* B; om. *τό* 967 407 544* | *οιφι*] *γομορ* 967; *μετρον* *L″* (449^{mg}) La^{W}; | *κόρου*] *μετρον* 967; *γομορ* 106 La^{W}; **15** *πρόβατον* B] + (※ Q vid.) *εν* 967 rel. = 𝔐 | *δέκα προβ.* 967] *προβ. απο δεκα* B 147 La^{W}; | om. *τοῦ* 1° 967 87-613 | om. *εἰς* 2° 967 88-407 L''^{-46} *C″*-239′-403′ 26′ . . . | om. *εἰς* 3° 967 Arm | *σωτηρίου* B 967 *O′*] . . .; *-ριον* rel. | *ἐξιλάσκεσθαι*] *-ιλασασθαι* 967 A″-410 490^{c}-*cI*-198-403; | *λέγει*] pr. *ταδε* 967 | *κύριος* 967 La^{W}] pr. *αδωναι* 62 *L″*-613 = 𝔐; . . .; + *θεος* B; + *ο θεος* rel. **16** *τὴν ἀπαρχὴν ταύτην*] tr. post *Ισραηλ* 967 | *τοῦ*] *τον* 967; *τω* 88 87; **17** *ἔσονται*] ÷ Q; > B 967 O'^{-Q} L''^{-36}-613 . . . = 𝔐 | *τοῖς σαββάτοις*] . . .; *τοις σαββασι(ν)* 967 62 46 233 26′ | *αὐτός*] . . .; *αυτοις* 967 88; | *ὑπέρ* 1° 2°] *περι* 967 | *Ισραηλ* 2°] pr. *του* 967 **18** *κύριος* 967] pr. *αδωναι* 62 *L″*-613 = 𝔐; + *θεος* B; + *ο θεος* rel. | *μηνὶ μιᾷ*] *μια* 967^{c} (*μηα**) = 𝔐 | *τὸ ἅγιον*] *τα αγια* 967 **19** *ἐξιλασμοῦ*] . . .; *μοσχον* 967 | *ἱλαστηρίου* Semler sec. Schleusner II 86] *ιερου* 967 codd. **20** *ποιήσεις*] *-σει* 967 51^{c}-*lI*-46-449 233 . . .; | *τῷ ἑβδ.* / *μηνί* B 147 La^{W}] . . .; *τω μηνι τω εβδ.* 967 A’ *C′*-233-198 Arab; tr. rel. | *λήμψῃ*] . . .; ÷ Q; > B 967 88-62’ Arm = 𝔐 | *ἀπόμοιραν* B La^{W}] *αφαιρεμα* 967; . . .; (※ *O*) *αγνοουντος* — *νηπιου* rel. = 𝔐↓; **21** *μηνί*] ÷ Q; > B 967 88-62 La^{W} = 𝔐 | *πασχα*] *φασεχ* 967 **22** *καὶ τοῦ οἴκου*] . . .; ÷ *O*; > 967 62 48(txt) La^{W} = 𝔐 **23** om. *καὶ τάς* 967 | *ποιήσει*] *-σαι* 967; | *ὑπέρ*] *περι* 967 **24** *τό*] *του* 967 | *ιν*] . . .; *ειν* B 967 A″ alii **25** *μηνί*] ÷ Q; > B 967 88-62’ 403 La^{W} = 𝔐 | *τὰ αὐτά*] *ταυτα* 967 Q*-407$L''^{-36\,46}$-613 La^{W}; | om. *τά* 2° 967 46 La^{W} Arm | *τὸ μαναα*] *αι θυσιαι* 967

46 1 *κύριος* 967] pr. *αδωναι* 62 *L″*-613 = 𝔐; + *θεος* B; + *ο θεος* rel. | om. *ἡ* 1° 967 233-534 26 410 La^{W} = 𝔐 | *πρός*] *κατα* 967 | *ἐνεργούς*] *εργασιμας* 967 | *ἀνοιχθήσεται* 1°] *ανοιχθη* B; 1°⌒2° 967 O^{-Q}-407 233-239 **2** om. *τῆς* 2° 967 26′ | *ἔξωθεν* 967] *εσωθεν* B 233* La^{W} **3** om. *τῆς γῆς* 967 La^{W} | *ἐν* 1° 967] pr. *και* B A’-239′-410 La^{W} . . . | *ἐναντίον*] *ενωπιον* 967 **5** *μαναα*] . . .; *θυσιαν* 967↓ | *τῷ κριῷ*] *τοις κρειοις* 967; | *θυσίαν*] . . .; > 967 L'^{-36} | *ἐλαίου τὸ ιν*] *λευειμ* 967 **6** *μόσχον* B 967 26′ 198 La^{W}] + (※ *O*) *υιον βουκολιου* rel. = 𝔐↓ | *κριός* B A’-106 147′] . . .; *κριον* 967 rel. | *ἄμωμος* B A 147′] *-μοι* 967 L''^{-46}-613 Arm = 𝔐; . . .; *-μα* rel. | *ἔσται*] *εσονται* 967 Syh L''^{-46}-613 26 106′ . . . = 𝔐 **7** *μαναα*] . . .; *θυσια* 967; *η θυσια* *L′*-V | *ἄν* 967] *εαν* B | *ἐκποιῇ*] . . .; *ισχυη* 967: cf. Lev. 27_{8} | *ιν*] *ειν* 967 alii **8** *ἀφηγούμενον*] *ηγουμενον* 967 | *τῆς πύλης* 2°] *αυτης* 967 26 106′ 198 239′ La^{W} = 𝔐; **9** *ἐναντίον*] *ενωπιον* 967 26′ 198 | *τῆς πύλης τῆς* 1° 967]

. . .; + βλεπουσης B | προσκυνεῖν] -νησαι 967; > L' | νότον 1⁰⌒2⁰ 967 306 | ἐξελεύσεται 2⁰] pr. και 967 cI; | κατά 4⁰] pr. και 967 | om. τῆς πύλης 4⁰ 967: cf. 40₉ | τὴν πύλην B 967 A''-106 147' La^C . . .] την οδον της πυλης rel. = 𝔐 | ἥν 967] . . .; pr. εις B; | εἰσελήλυθεν] εληλυθεν 239; ει[σ]ηλθεν 967; | ἀλλ' ἤ] αλλα 967 147' cII 410; **10** αὐτούς 1⁰⌒2⁰ 967 407 239 **11** ἔσται] pr. και 967 | τὸ μαναα] . . .; η θυσια 967 L''^{-46}-613 | καὶ τοῖς ἀ.] τοις δε α. 967 A'-106'-198-239'; | om. τὸ ιν 967 534 **12** ἀφηγούμ.] ηγουμ. 967 | ὁλοκαύτωμα 1⁰] . . .; pr. η 967 | σωτηρίου 1⁰] η σωτηριον 967; pr. η O-62 198 239' 410 544 = 𝔐; | om. καί 1⁰ 967 130 Arm | ἑαυτῷ] αυτω 967 198 410 | κατά 967] κατ B A'' Q L^{-22} alii | καὶ τά] και το 967 544; | om. αὐτοῦ 2⁰ 967 233 Arm **13** om. εἰς 967 A''-106'-198 407 = 𝔐 | καθ' ἡμ. / τῷ κυρίῳ] tr. 967 147 106 . . . | πρωί B A' La^C . . .] + πρωι 967 rel. = 𝔐 **14** μαναα 1⁰ 2⁰] μαννα A' Arab Arm; θυσιαν 967↓ | πρωί B 967 A'-403 La^C . . .] + πρωι rel. = 𝔐 | ἕκτον] . . .; pr. το 967 | τό 2⁰ 967] > B 147' | ιν] ειν 967 alii | om. τήν 967 239' | πρόσταγμα B 967 198 La^C] + (※ O) αιωνιον rel. = 𝔐↓ **15** τὸ μαναα] την θυσιαν 967 **16** κύριος 967 . . .] pr. αδωναι A''-106'-403 Syh-62 L'' Arab = 𝔐; + θεος B; + ο θεος Q-147' 26 106' 403 544 La^C; + κυριος rel. | ἑνὶ ἐκ τῶν] εναντι[ο]ν 967; om. ἐκ 46 410 | om. ἔσται 967 | κατάσχεσις B 198] + αυτη 967 La^C Arab; + (※ O) αυτων αυτη rel. = 𝔐↓ **17** ἐὰν δὲ δῷ] και εαν δη 967; om. δέ V-46 233; om. δῷ 147' 410 | δόμα B 967 La^C] + (※ O^{-Q}) εκ — αυτου rel. = 𝔐 | ἀποδώσει B A' 407 La^C . . .] αποδοθησεται 967 rel. | ἀφηγουμένῳ] ηγουμενω 967 | αὐτοῖς] -του 967 **18** ὁ ἀφηγούμενος] ηγουμενος 967 | καταδυναστεῦσαι B* 449*] pr. του B^c 967 147' = 𝔐; . . .; pr. αυτου rel. | ἐκ τῆς κατασχ. αὐτοῦ 1⁰ B 967 La^C] . . .; + (※ O^{-Q}) απο — αυτου rel. = 𝔐 | κατακληρονομήσει] -σαι 967 C' alii; | ἐκ ult. B 410] απο 967 rel. **19** εἰσήγαγε] απηγαγον 967 | εἰς τὴν εἴσοδον] . . .; εις την οδον 967 147 46 C''-198-239'-380-613 26' 410 . . . | τόπος ἐκεῖ B 967 L'] tr. rel. = 𝔐 **20** ἑψήσουσιν] . .]ψουσιν 967: cf. 24; εψουσιν 534 | ἀγνοίας B 967 L''^{-46}-613 106'] pr. της rel. | ἁμαρτίας B 967 L''^{-46}-613 534] pr. της rel. | ἐκεῖ πέψουσι] ουχ εψησουσιν 967 | μαναα] μαννα 967 A' . . . **21** ἐξήγαγε] εισηγαγεν 967 | τὸ κλίτος Ra.] . . .; τα κλιτη 967 rel. | αὐλῆς 2⁰] pr. γης 967 **22** init. — αὐλῆς 1⁰] > 967: homoiot. | κλίτη 967] και B La^C; | αὐλὴ μικρά] . . .; αυλαι αι μεικραι 967; και αυλαι μικραι L''^{-46}-613: cf. 𝔐; | μῆκος O-147' C'-198-380-403'] . . .; μηκους 967 rel. | τεσσαράκοντα] λ̄ 967 **23** ἐν αὐταῖς, κύκλῳ] > 46 Arm; om. κύκλῳ 967 L'^{-46}-613 **24** μαγείρων] -ρ(ε)ιων 967 A''-410 L' cI-198-239'-380; | ἑψήσουσιν] εψουσιν 967 449: cf. 20 | τοῦ λαοῦ] των λαων 967

47 1 αἰθρίου B 407] + του οικου 967 rel. = 𝔐 | κατά 1⁰ 2⁰ 967] κατ B A'' Q cII alii | ἀπό 1⁰] επι Q*; 1⁰⌒2⁰ 967 | νότου] pr. του 967 62' L **2** ὁδόν 1⁰ — τῆς 2⁰] . . .; om. τῆς 2⁰ 967 O^{-Q} = 𝔐 | ὁδόν 2⁰ B 967 A' La^C . . .] . . .; + της πυλης rel. = 𝔐 | κατά 2⁰ 967] κατ B A Q cII alii; | om. τό 967 L' **4** διῆλθεν 1⁰] ανηλθεν 967 | ἕως τῶν μηρῶν] εως των (> 46) γονατων Q^{mg} L''^{-449}-613↓; ευλογιας 967 **5** ἐξύβριζε(ν)] -σε 967 403*; | ὡς ῥοῖζος] ως ο ρ. Q; ο ροισος 967; ως B^c; > B* | χειμάρρου] -ρους 967 62 233-534 | ὅν B L'' 130-613] . . .; ο 967 rel. **6** Εἰ ἑόρ., / υἱὲ ἀνθρ.] tr. 130; om. Εἰ B Q 46 198 239' 380 410 . . .; om. υἱὲ ἀνθρ. 967 | ἤγαγεν B 967 La^C] απηγαγε(ν) rel. | με 2⁰ B 967 198 La^C] + (※ O) και — με rel. = 𝔐↓ **7** init. — ποταμοῦ] > 967 91: homoiot. **8** om. τό 2⁰ 967 88-62' cI-233 | om. τήν 4⁰ 967 233* | ὑγιάσει] υγειασεν 967; **9** ἐκζεόντων] ερευγομενων 967: cf. Lev. 11₁₀; | om. ἐκεῖ 2⁰ 967 = 𝔐 | ἐφ' ὅ] εφ α 233; οπου 967 | ἐπέλθῃ 2⁰ 967] ελθη B 62 cII | ὁ ποτ. 2⁰] pr. (※ 88) εκει 967

O^{-Syh}-62 = 𝔐; + (※ Syh) *εκει* B A''-106 Syh *lII* La^C ... | *ζήσεται* 3⁰]
...; pr. *και* 967 O'^{-Syh} *L'* C''^{-534}-198-239'-380-403' 26 410 ... = 𝔐
10 *ἐκεῖ* B A Syh^{mg}-147' La^C ...] *επ αυτου* 967 *O*-62 *L''* Arm = 𝔐; pr. *επ
αυτους* rel. | *ἁλεεῖς*] ...; > 967 306 | *Αινγαδδι* 544 = 𝔐] *αινγαδδει* 967^c;
...; *ινγαδειν* B La^C; ...; *αινγαδδειν* 967* 490-*cI*-380-403; | *Αιναγαλειμ* 410]
...; *αγαιμ* 967; *εναγαλειμ* B A 130-233-403 ...; ...; *εναγαλλειμ* rel. |
ἔσται 2⁰] ...; > 967 Arab | *ὡς*] *καθως* 967; > A | om. *οἱ* 2⁰ 967 36 *C*-198-
380-403' 106 | om. *σφόδρα* 967 **11** om. *ἐν* 2⁰ 967 | *ὑγιάσωσιν* B 967
O' (Q^c, Syh^{txt}) *cII*] ...; *αγιασωσιν* rel. **12** *ἐπ'*] ...; *απ* 967 46 ... |
καρπός 1⁰] + (※ Q) *αυτου* B 967 A *O*-62' L''^{-46} verss. ... = 𝔐↓ | *διότι*]
οτι B 967 | om. *ὁ* 2⁰ 967 | *ἀνάβασις*] ...; pr. *η* 967 A'-403'; **13** *κύριος*
967] pr. *αδωναι* 62 = 𝔐; ...; + *θεος* B; + *ο θεος* rel. | *τά* 967] > B |
ὅρια] *ορια της γης α* 967 Syh; + *α* O^{-Syh}-62 L''^{-46} ... | *κατακληρονομήσετε*]
-*με*[*ι*]*τ*[*ε*] 967; | *τῆς γῆς* 967] *αυτην* 410; > Syh | *τῶν υἱῶν Ἰσρ.*] [*του*] *Ισρ.*
967; om. *τῶν υἱῶν* 62 = 𝔐 | *Ἰσρ.*] pr. *του* 62 *lI*; **14** om. *καί* 1⁰ 967 |
κατακληρονομήσετε] -*κληρ*[*ο*]*ν*[*ομειτε*] 967: cf. 13; | *μου τοῦ*] *αυτου* 544; om.
τοῦ 967 534 | *αὐτὴν τοῖς*] om. *αὐτήν* aut *τοῖς* 967; om. *αὐτήν* B O'^{-Syh} 198
Arm: cf. 20₂₈ | *πεσεῖται*] [3-5 litt.] 967 | *ἐν κληρ.*] *εις κληρονομιαν* Syh 410;
εις κατασχεσιν και κληρονομιαν 967 **15** *γῆς* 967] + *της* B Q-62' 46 233-
198-380 26' 410 544 ...; | *τῆς θαλ.* 967] om. *τῆς* B | *τῆς εἰσόδου*] *της
οδου* 147; *την εισοδον* 967 | *Ημαθ Σεδδαδα* Ra.] *ημαα̣θ̣ ρ*[....]*μαρ* 967;
ημας ελδαμ B; **16** *Βηρωθα*] ...; *βερηα* 967; *μααβθηρας* B Q^{txt}-62'; |
Σεβραιμ Ra.] *σεφραιμ* 967; ...; *εβραμ* B; *εφραμ* A Arab; | *Ηλ(ε)ιαμ*] absc.
967; | *ὁρίων Δαμασκοῦ*] *Δαμ. των οριων* 967 | *ὁρίων* 1⁰ 2⁰] pr. *των* A''-106'; |
Ημαθ 967] -*θει* B; | *αὐλή* B 967 Syh V] ...; *αυλαι* rel. | *Σαυναν*] *σωναν*
967; | *Αυρανίτιδος*] *της ωρανειτιδος* 967: cf. 18; **17** om. *ἀπὸ τῆς* 2⁰ 967
= 𝔐 | om. *τοῦ* 967 | fin. B 198] + *κατα βορραν και οριον εφ οριον ημαθ
ταυτα προς βορραν* 967: cf. 𝔐; + (※ *O*) *κατα βορραν και το οριον αιμαθ το
οριον βορρα* rel.: cf. 𝔐↓ **18** om. *τά* 1⁰ 967 | *Αυραν.*] *ωραν.* 967 (-*νειτ.*) A':
cf. 16; ...; *λωρανειτιδος* B; | *Γαλααδίτιδος*] *γαλαδιτιδος* 967 (-*δειτ.*) 88^c 233;
γαλατιδος 88* | om. *τοῦ Ισραηλ* 967 | *Φοινικῶνος*] -*κων* 967 (-*νεικ.*) 130'; |
ταῦτα τὰ πρὸς ἀνατ.] ...; om. *τά* 967 Q-62 V-46 106 544; **19** om. *τὰ
πρός* 967 | *ἀπό*] pr. *και* 967 | *Θαιμαν*] *θαιμων* 967; | *καὶ Φοιν.*] ÷ *O*; > 967
Bo = 𝔐; om. *καί* 62' | *Μαριμωθ*] *αριμωθ* 967; | *Καδης* 967] *καδημ* B; |
παρεκτεῖνον] *παρατεινον* 967 | *ἐπί*] *εις* 967 **20** *τοῦτο* 2⁰] *και* 967 L''^{-46}
= 𝔐; | *διορίζει* 967] *οριζει* B 88-*o* L''^{-46}; | *ἕως εἰσ. αὐτοῦ*] ÷ *O*; > 967
Bo = 𝔐 | *Ημαθ* 2⁰] ...; ÷ O^{-Q}; > 967 Bo = 𝔐 **21** *διαμεριεῖτε*
967(vid.)] -*μερισετε* B; **22** *αὐτήν*] -*τον* 967 | *οἵτινες ἐγέννησαν*] *τοις
γεγεννηκοσιν* 967 | *ὑμῖν* 2⁰ 967] *υμων* B 407 46 *C''*-613; | *τοῦ Ισρ.* 1⁰] om.
τοῦ 967 407 46 *C''*-239'-380-613 26' 410; | *ἐν κληρονομίᾳ*] *την κληρονομιαν*
967 | *τῶν φυλῶν*] ...; om. *τῶν* 967 26' 544 | *τοῦ Ισρ.* 2⁰] ...; om. *τοῦ*
967 A 534-380 **23** *τοῖς μετ' αὐτῶν*] ...; om. *τοῖς* 967 449 | *κύριος* 967]
pr. *αδωναι* 62' L''^{-46}-613 = 𝔐; + *θεος* B; + *ο θεος* rel.

48 **1** *κατά* 1⁰] *και* 87*-613; pr. *και* 967 | *τῆς καταβ.*] pr. *της* [*α*]*ρχης* 967 |
τῆς 4⁰] ...; > 967 | *Ημαθ* 1⁰] *ημαδ* 967(vid.); | *Αιναν* 967(vid.) A-410 ...]
...; *αιλαμ* rel. | *Ημαθ* 2⁰] *ηματ* 967; | *αὐλῆς* 2⁰] ...; ÷ *O*; > 967 Bo
Aeth = 𝔐 | *ἕως*] *και* 967 V; + *τα* 967; + *τον* 147; | *μία*] *μιαν* 967
2 *τῶν* 2⁰ B 967 *O'* 36-V-449 410 ...] > rel. | *πρός* 2⁰] *παρα* 967; **3** *ἀπὸ
τῶν* 2⁰] *το* 967; pr. *και* 106; om. *ἀπό* 407 490 | *Νεφθαλι* Syh 534] -*λει* 967
22-48-96; ...; -*λ(ε)ιμ* rel. **4** *Νεφθαλι* A Syh] -*λει* B 967 534; ...; -*λ(ε)ιμ*
rel. | *ἀπὸ τῶν πρὸς ἀνατ.*] *απο* (*απ* B;) *ανατολων* B 967 *O'* 46 *cII*; **5** om.
ἀπό 2⁰ 967 | om. *τῶν* 3⁰ 967 L^{-36} **8** *ἕως τῶν πρὸς θαλ.* 1⁰ 967] > B 407 |

ἔσται 1^{0} 967] . . .; pr. *μενει* B; | om. *καί* 4^{0} 967 L''^{-46} 91-233-380 . . . **9** *ἀπαρχή*] *-χην* B 967 407; | *εἴκ. καὶ πέντε* B A Syh^{mg}-407] . . .; *δεκα* Syh^{txt} L'^{-36}-V-613 Arm = 𝔐; *εικοσι* 967; *πεντε* 88; *εικ. πεντε* rel. **10** *τούτων*] *-το* 967 106; | om. *ἡ* 967 | *πλάτος*] *ευρος* 967 36-46 C''-380-613; > B | *χιλιάδες* 2^{0} B A 88 130′ La^{S} . . .] + (※ Syh) *και προς ανατολας πλατος* (> 967 407 48) *δεκα χιλιαδες* 967 rel. = 𝔐 | *μῆκος* 967] > B 233 | *εἴκ. καὶ πέντε*] *πεντε και εικ.* 967 L'-449-403′ = 𝔐; | *αὐτοῦ*] *-τω* 147; *-των* 967 Q L''^{-46} 26′ . . .; **11** *υἱῶν* B 967 Q-*o* *cII* 26′] . . .; pr. *των* rel. **12** om. *ἡ* 967 | *δεδομένη*] + *αφωρισμενη* 967 La^{S} | *ἁγίων*] . . .; + *αγιων* 967 **13** *χιλιάδες* 1^{0}⌒2^{0} 967; **14** *οὐ πραθήσεται*] *ου παραθησετε* 967 106 (*-σεται*); | *ἐξ αὐτοῦ* B O'^{-Syh} 449^{txt} La^{S} . . .] *απ αυτου* 967 L'-V-449^{mg}; *εξ αυτων* rel. | om. *τῷ* 967 **15** *τὰς δέ*] *και τας* 967; om. *δέ* *C* | *τὴν κατοικίαν* B A'-239′-403-410 62′] om. *τήν* 967 rel. | om. *αὐτοῦ* 1^{0} 967 = 𝔐 | om. *ἔσται* 2^{0} 967 **16** *τετρακισχίλιοι*] . . .; *τετρασχιλ.* *lI*; *δ̄ χειλιαδες* 967 | *τετρακισχιλ. πεντακ.*] . . .; *πεντακοσιοι και τετρακισχιλιοι* 967 L'^{-46} 106 = 𝔐 **17** *διακ. πεντήκ.* 2^{0} 967] *διακ. και πεντηκ.* B Syh 239′ . . .; **18** om. *καί* 2^{0} 967 La^{S} | *καὶ ἔσονται*] . . .; om. *καί* 967 | *αἱ ἀπαρχαί*] . . .; om. *αἱ* 967 C'-403 | *τοῦ ἁγίου*] *των αγιων* 967 **20** *ἐπὶ πέντε καὶ εἴκ. χιλ.*] ÷ Q; > 967 538* 410 544 | *ἀπαρχήν* 967] *αρχην* B | *τοῦ ἁγίου*] *των αγιων* 967 **21** *τὸ δέ*] *και το* 967 | *τῷ ἀφηγ.*] *τω ηγ.* 967; | *τοῦ ἁγίου*] *των αγιων* 967 A L''^{-46} 233-613 . . . | *πόλεως* B 967 La^{S}] + (※ *O*) *κατα προσωπον* rel. = 𝔐↓ | *ἕως* 1^{0}] . . .; > 967 | *ἐπί* 2^{0} B 967 La^{S}] + (※ *O*) *προσωπον* rel. = 𝔐↓ **22** *ἀπό* 1^{0}] *παρα* B 967 | om. *τῆς κατασχέσεως* 1^{0} B 967 La^{S}; 1^{0}⌒2^{0} 130 | *καί* 2^{0} 967] > B 46 C''-380 26′ | *τῶν ἀφηγ.* 1^{0}] . . .; *του αφηγουμενου* 967 Syh: cf. 𝔐 | *τῶν ἀφηγ.* 2^{0}] *τω ηγουμενω* 967; *τω αφηγουμενω* *O*-62′ L'' C''-239′-380-403′ 26′ 410 . . .: cf. 𝔐 **23** *θάλασσαν*⌒*θάλασσαν* (v. 24) 967 62 106 Arab **25** om. *ἀπό* 2^{0} 967 | *Ισσαχαρ* 967] *ισαχαρ* B* 62′ V-449-613 410 La^{S} . . . **26** om. *τῶν* 2^{0} 967 A′-106 Q-Syh-62 L''^{-46} 534-613 . . . = 𝔐 **27** om. *τῶν* 2^{0} 967 A''-106-239′-613 Q-Syh L''^{-46} . . . = 𝔐 **28** om. *τῶν* 2^{0} 967 A''-106′ *O*-147 L''^{-46} *cI*-233-534-239′-403′ . . . = 𝔐 | om. *καί* 2^{0} 967 L''^{-46} 490-380 La^{S} . . . | *Θαιμαν*] *-μαρ* 967; | *Μαριμωθ*] . . .; *βαριμωθ* B 967 (*-ρειμ.*) A′-106 *cII*-380$^{c?}$ La^{CS} . . .; | *κληρονομίας* B *o* *cII*] *-μια* 967 rel. **29** *διαμερισμοί*] *μερισμοι* 967; | *κύριος* 967] pr. *αδωναι* 62 L''^{-46} = 𝔐; . . .; + *θεος* B; + *ο θεος* rel. **30** *τετρακισχίλιοι καὶ πεντακόσιοι*] *τετρακισχειλιαι πεντακοσιαι* 967; | *μέτρῳ*] *μετρον* 967 **32** *τετρακισχίλιοι καὶ πεντακόσιοι*] *τετρακισχειλιαι πεντακοσιαι* 967; **33** *τετρακισχίλιοι καὶ πεντακόσιοι*] *τετρακισχειλιαι πεντακοσιαι* 967; | om. *καί* 3^{0} 967 La^{SW} **34** *τετρακισχίλιοι καὶ πεντακόσιοι*] *τετρακιχειλιαι* (sic) *πεντακοσιαι* 967; | om. *καί* 3^{0} 967 *O* C''-380-393 544 La^{SW} = 𝔐 | *Νεφθαλι* Syh] . . .; *-λειν* 967 62 26; . . .; *-λ(ε)ιμ* rel. **35** *δέκα καὶ ὀκτώ*] *ιη̄* 967; *εικοσι οκτω* 544 | *ἔσται τὸ ὄν. αὐτῆς* B 967 L^{-36}-V-46 26′ La^{W} . . .] pr. *κυριος εκει* rel.: cf. 𝔐↓

S u b s c r i p t i o *εζεκιηλ* 967; *ιεζεκιηλ* B Q *L*-V C^{-490}-233-534-239′-380 26 410;

Corrigenda

Die folgende Liste bietet eine Übersicht über die wichtigsten Korrekturen in der Ez.-Ausgabe, die in der 2., durchgesehenen Auflage vorgenommen worden sind. (v. u. = von unten; l. = lies).

a) Korrekturen im Vorwort:

S. 25 Z. 15: B V La^{S} Bo l.: B V La^{S} Co *S. 25* Z. 16: B La^{W} l.: B La^{CS} *S. 88* Z. 8 v.u.: *Λιὸς Πόλει* l.: *Διὸς Πόλει* *S. 88* Z. 8 v.u. *Λιοσπόλει* l.: *Διοσπόλει*

b) Korrekturen im Kritischen Text:

S. 197 Z. 2 v.u.: *καὶ τὸ ποτήριον* l.: *τὸ ποτήριον* *S. 311* Z. 4: *εἰς ἁγίασμα* l.: *ἁγίασμα*

c) Korrekturen im 1. Apparat:

S. 105 Z. 4: om. *οὐ* l.: om. *οὐ* 1^{0} *S. 132* Z. 9: A''-106' l.: A''-410 *S. 135* Z. 10: *αὐτούς*] l.: *αὐτούς* 2^{0}] *S. 137* Z. 11 v. u.: om. *τήν* l.: om. *τήν* 2^{0} *S. 143* Z. 4: B *O*-62' l.: B *O*-62' *S. 144* Z. 7 v.u.: *τάς* 147 130 l.: *τάς* 1^{0} 147 130 *S. 145* Z. 2: *ἰδού* l.: *ἰδού* 2^{0} *S. 150* Z. 2: *αὐτά* 967] l.: *αὐτά* 2^{0} 967] *S. 152* Z. 8: *ἔχεσθαι*] l.: *ἔρχεσθαι*] *S. 159* Z. 12 v.u.: *αυτης O*-62 46 l.: *αυτης O*-62 *S. 160* Z. 8 v.u.: *εἰ* 2^{0} Spec.] l.: *κατευθυνθει* **967** | *εἰ* 2^{0} Spec.] *S. 162* Z. 6: *ἐγώ*] l.: *ἐγώ* 1^{0}] *S. 162* Z. ult.: om. *κύριος* l.: om. *κύριος* 2^{0} *S. 166* Z. 2: *ὅτι*] l.: *ὅτι* 1^{0}] *S. 168* Z. 3 v.u.: Arm Tht. l.: Arm Cyr. IV 632 Tht. *S. 172* Z. 4: *εις την χωραν* 967 (vid.) l.: *εις γην χα[ν]αav* 967 *S. 172* Z. 7 v.u.: om. *τοῦ* l.: om. *τοῦ* 1^{0} *S. 172* Z. 2 v.u.: *ἐνώπιον*] l.: *ἐνώπιον* 1^{0}] *S. 173* Z. 8: *αὐτούς*] l.: *αὐτούς* 1^{0}] *S. 174* Z. 12 v.u.: *ὑμῶν*] l.: *ὑμῶν* 1^{0}] *S. 175* Z. 7 v.u.: *δογμασιν* L^{-763} l.: *δογμασιν* Q* L^{-763} *S. 175* Z. ult.: om. *ἐν* l.: om. *ἐν* 2^{0} *S. 176* Z. 12 v.u.: *βααλ* 147' l.: *βααλ* 147'; *αββανα* rel. *S. 176* Z. 5 v.u.: *ὑμῶν* 1^{0}⌒2^{0} 407 l.: *ὑμῶν* 1^{0}⌒ *υιων υμων* 407 *S. 178* Z. 2: *διότι*] l.: *διότι* 2^{0}] *S. 178* Z. ult.: *λαῶν*] l.: *λαῶν* 2^{0}] *S. 180* Z. 2 v.u.: *πρός*] l.: *πρός* 2^{0}] *S. 181* Z. 3 v.u.: rel. = 𝔐 l.: rel.: cf. 𝔐 *S. 182* Z. 12: *νετο ἐν*] l.: *νετο ἐν* 2^{0}] *S. 182* Z. 14: *ἐγένετο*] l.: *ἐγένετο* 2^{0}] *S. 182* Z. 3 v.u.: *-σεις* rel. l.: *στησεις* 967^{1} (*εστ.**); *-σεις* rel. *S. 183* Z. 12: *ἐγώ*] l.: *ἐγώ* 2^{0}] *S. 183* Z. 7 v.u.: *εἰσελθεῖν*] l.: *εἰσελθεῖν* 2^{0}] *S. 187* Z. 13: om. *τά* l.: om. *τά* 1^{0} *S. 190* Z. 12: om. *αἱ* A'' l.: om. *αἱ* A' *S. 190* Z. 12 v. u.: *ἐβελήλουν*] l.: *ἐβεβήλουν*] *S. 190* Z. 7 v.u.: *αὐτῶν*] l.: *αὐτῶν* 2^{0}] *S. 192* Z. 10 v.u.: *ἱππαζόμενος*] l.: *ἱππαζόμενοι*] *S. 193* Z. 9: *εδικ. εποιησα* l.: *εκδικ. εποιησα* *S. 197* Z. 11: 26 Tht. = 𝔐 l.: Tht. = 𝔐 *S. 197* Z. 11: *αδωναι κυριος κυριος ο θεος* A l.: *αδωναι κυριος κυριος* (> 26) *ο θεος* A' *S. 197* Z. 12: 26 403' 410 544 l.: 403' 410 544 *S. 197* Z. 8-5 v. u.: *και* (> *L*) *το* (om. *και το* 410 Co) *ποτ.* (+ *της A''*) *αδ. σου σαμ. ποτ. αφανειας και* (om. *αφ. και A' lI*) *αφανισμου* (*αφανισμου ποτ.* pro *ποτ. αφ. κ. αφ.* 410 544) *A''*-410 *L'*; l.: *και* (> *L* Co) *το ποτ.* (om. *και το ποτ.* 410; + *της A''*) *αδ. σου σαμ. ποτ. αφανειας και* (om. *αφ. και A''*-410 *lI* Co) *αφανισμου* (+ *ποτηριον* 410) *A''*-410 *L'* Co; om. *τό* C'' 86^{mg}; *S. 202* Z. 7: *γῆν*] l.: *γῆν* 2^{0}] *S. 202* Z. ult.: C''^{-534}-86'-239' l.: C''^{-534}-86'-306 *S. 203* Z. 6 v. u.: La^{SW} Co] l.: La^{W} Co] *S. 206* Z. 9: La^{SW} Bo] l.: La^{CS} Bo] *S. 206* Z. 10: 106 La^{SW} Bo] l.: 106 La^{CS} Bo] *S. 206* Z. 8 v.u.: *αὐτοί*] l.: *αὐτοί* 1^{0}] *S. 208*

Z. 13: + *του θυμου μου* l.: + *του θυμου* *S. 209* Z. 12: *επαν|γω* V l.: + *επαν|γω* V *S. 213* Z. ult.: -*δης* *L* l.: -*θης* *L* *S. 221* Z. 14: *θεοῦ*] l.: *θεοῦ* 1^0] *S. 242* Z. 8 v.u.: *αὐτοῦ*] l.: *αὐτοῦ* 2^0] *S. 249* Z. 4 v.u.: La^{CS} Arm l.: La^{C} Arm *S. 250* Z. 11: *γῆν* La^{CS} l.: *γῆν* La^{S} *S. 256* Z. 4: *ουχ ιvανου* 239 l.: *ουχ ικανου* 239 *S. 257* Z. 4: om. *ἐγὼ κύριος* l.: om. *ἐγὼ κύριος* 1^0 *S. 269* Z. 1: 62′ = 𝔐 l.: 62′: cf. 𝔐 *S. 269* Z. 11 v.u.: *κύριος* B l.: *κύριος* 2^0 B *S. 270* Z. 4: *λεγοντες* = 𝔐 l.: *λεγοντες* rel. = 𝔐 *S. 270* Z. 11 v.u.: Arm = 𝔐 l.: Arm: cf. 𝔐 *S. 291* Z. 6: *σφαζουσι(ν)* B Q l.: *σφαζουσι(ν)* Q *S. 291* Z. 15: *και ηκ.* 62 l.: *και ημ.* 62 *S. 295* Z. 6 v.u.: *ἐν τῶ*] l.: *ἐν τῷ* 2^0] *S. 296* Z. 5: *καί* L'^{-36} l.: *καί* 2^0 L'^{-36} *S. 302* Z. 9: *διαγράψεις*] l.: *διαγράψεις* 1^0] *S. 302* Z. 10 v.u.: om. *τά* 1^0 V l.: om. *τά* 2^0 V *S. 308* Z. 6 v.u.: *αὐλῆς*] l.: *αὐλῆς* 1^0] *S. 314* Z. 9: *οἴκου*] l.: *οἴκου* 1^0] *S. 318* Z. 14: pr. *αδωναι* A'' l.: pr. *αδωναι* A *S. 318* Z. 15: + *κυριος ο θεος* l.: *αδωναι κυριος ο θεος* *S. 321* Z. 10: *ἔσται*] l.: *ἔσται* 1^0] *S. 322* Z. 2: *C*-239-613 l.: *C*-613 *S. 324* Z. 2 v.u.: *κατά*] l.: *κατά* 1^0] *S. 325* Z. 9: *πρός*] l.: *πρός* 2^0] *S. 326* Z. 11 v.u.: *μῆκος*] l.: *μῆκος* 1^0] *S. 328* Z. 7: om. *τῶν ὁρίων* l.: om. *τῶν ὁρίων* 2^0

d) Korrekturen im 2. Apparat:

S. 118 Z. 2 v.u.: *ἄρυξον* l.: *ὄρυξον* *S. 156* Z. 1: *ἀπ' ἀρχῆς* l.: *ἀπ' ἀρχῆς* 1^0 *S. 181* Z. ult.: *ἑτοίμ* l.: *ἑτοίμη* *S. 213* Z. 1: *εἰς βόθρον*] l.: *εἰς βόθρον* 1^0]